“ 매일 성장하는 **초등 자기개발서** ”

완자

왜 공부력을 키워야 할까요?

쓰기력

정확한 의사소통의 기본기이며 논리의 바탕

연필을 잡고 종이에 쓰는 것을 괴로워한다!
맞춤법을 몰라 정확한 쓰기를 못한다!
말은 잘하지만 조리 있게 쓰는 것이 어렵다!
그래서 글쓰기의 기본 규칙을 정확히 알고
써야 공부 능력이 향상됩니다.

어휘력

교과 내용 이해와 독해력의 기본 바탕

어휘를 몰라서 수학 문제를 못 푼다!
어휘를 몰라서 사회, 과학 내용 이해가 안 된다!
어휘를 몰라서 수업 내용을 따라가기 어렵다!
그래서 교과 내용 이해의 기본 바탕을
다지기 위해 어휘 학습을 해야 합니다.

독해력

모든 교과 실력 향상의 기본 바탕

글을 읽었지만 무슨 내용인지 모른다!
글을 읽고 이해하는 데 시간이 오래 걸린다!
읽어서 이해하는 공부 방식을 거부하려고 한다!
그래서 통합적 사고력의 바탕인 독해 공부로
교과 실력 향상의 기본기를 닦아야 합니다.

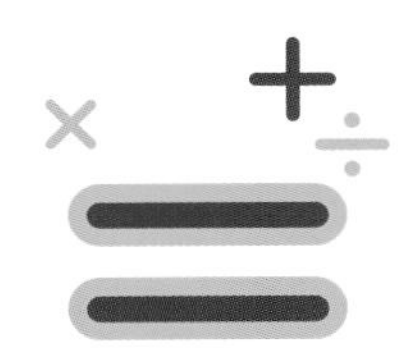

계산력

초등 수학의 핵심이자 기본 바탕

계산 과정의 실수가 잦다!
계산을 하긴 하는데 시간이 오래 걸린다!
계산은 하는데 계산 개념을 정확히 모른다!
그래서 계산 개념을 익히고 속도와 정확성을
높이기 위한 훈련을 통해 계산력을 키워야 합니다.

완자 공부력

속담·한자 성어·관용어 카드

이 책에 나오는 **속담, 한자 성어, 관용어 카드**입니다.
배운 내용을 떠올리며 카드 놀이를 해 보세요.

속담

구슬이 서 말이라도 꿰어야 보배

속담

급할수록 돌아가랬다

속담

미운 아이 떡 하나 더 준다

속담

벼룩의 간을 내먹는다

속담

신선놀음에 도낏자루 썩는 줄 모른다

한자 성어

수 어 지 교

水	漁	之	交
물	물고기	~의	사귀다

속담

입에 쓴 약이 병에는 좋다

한자 성어

오 비 이 락

烏	飛	梨	落
까마귀	날다	배	떨어지다

잘라서 사용할 수 있습니다.

❶ 카드 앞면에는 속담, 한자 성어, 관용어가, 카드 뒷면에는 뜻이 적혀 있어요.
❷ 카드를 점선을 따라 자른 후, 카드링으로 묶어요.
❸ 친구와 함께 문제를 내고 답하며 즐겁게 놀아요.

한자 성어

갑 론 을 박

甲	論	乙	駁
첫째	논하다	둘째	논박하다

관용어

간 떨어지다

한자 성어

침 소 봉 대

針	小	棒	大
바늘	작다	몽둥이	크다

관용어

색안경을 쓰다

한자 성어

개 과 천 선

改	過	遷	善
고치다	지나다	바꾸다	착하다

관용어

피땀을 흘리다

한자 성어

부 지 기 수

不	之	其	數
못하다	알다	그것	수량

관용어

눈길을 모으다

완자

공부력

초등 전과목 어휘 5A

초등 전과목 어휘 5-6학년군 구성

- 5A, 5B, 6A, 6B -

국어 교과서

✔ 문학

서술 | 빗대다 | 함축 | 암시 | 전형적 등

24개 어휘 수록

✔ 문법

친밀감 | 단절 | 정체성 | 막론하다 | 가급적 등

8개 어휘 수록

✔ 읽기

편향 | 그르다 | 선입견 | 허위 | 창의 등

8개 어휘 수록

✔ 말하기, 쓰기

모색 | 구체적 | 객관적 | 호소력 | 보편화 등

28개 어휘 수록

사회 교과서

✔ 사회·문화

과도 | 달갑다 | 은은하다 | 미개 | 성취 등

20개 어휘 수록

✔ 환경, 법, 정치

처벌 | 주권 | 소수 | 선출 | 집행 등

44개 어휘 수록

✔ 지역, 지리

거주 | 희박하다 | 재구성 | 매장량 | 비옥 등

12개 어휘 수록

✔ 역사

축조 | 신분 | 번성 | 풍자 | 창설 등

28개 어휘 수록

5~6학년 교과서에 나오는 필수 어휘를
과목별 주제에 따라 배우며 실력을 키워요!

수학 교과서

수
분배 | 무수하다 | 최소한 | 나열 | 기원 등
16개 어휘 수록

도형
맞붙이다 | 불문 | 거대 | 수직 | 성립 등
16개 어휘 수록

측정, 그래프, 통계
비율 | 항목 | 구하다 | 매매 | 세밀하다 등
12개 어휘 수록

과학 교과서

생물, 몸
양분 | 손상 | 지탱 | 침투 | 남짓 등
24개 어휘 수록

대기, 지구, 우주
상승 | 온난화 | 관측 | 평행 | 감지 등
16개 어휘 수록

물질, 소리
부패 | 과다 | 팽창 | 동결 | 증가 등
28개 어휘 수록

에너지, 기술
과열 | 낙하 | 고갈 | 가열 | 훼손 등
36개 어휘 수록

특징과 활용법

하루 4쪽 공부하기

* 그림과 한자로 교과서 필수 어휘를 배우고 문제를 풀며 확장하여 익혀요.

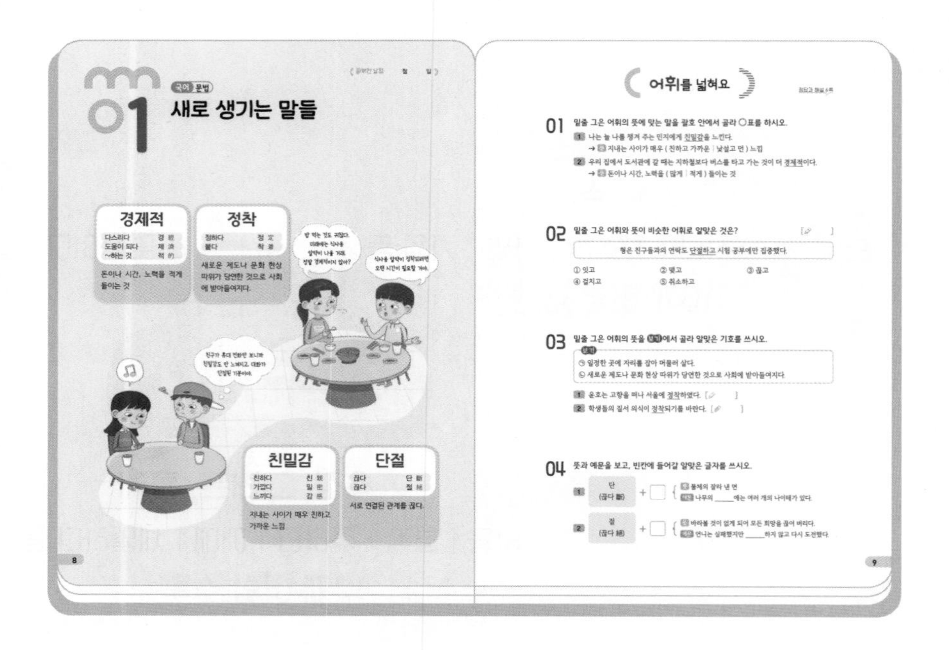
〈공부한 날짜 월 일〉

국어 문법

01 새로 생기는 말들

경제적
다스리다 경 經
도움이 되다 제 濟
~하는 것 적 的
돈이나 시간, 노력을 적게 들이는 것

정착
정하다 정 定
붙다 착 着
새로운 제도나 문화 현상 따위가 당연한 것으로 사회에 받아들여지다.

밥 먹는 것도 귀찮다. 미래에는 식사용 알약이 나올 거래. 정말 경제적이지 않아?
식사용 알약이 정착되려면 오랜 시간이 필요할 거야.
친구가 휴대 전화만 보니까 친밀감도 안 느껴지고, 대화가 단절된 기분이야.

친밀감
친하다 친 親
가깝다 밀 密
느끼다 감 感
지내는 사이가 매우 친하고 가까운 느낌

단절
끊다 단 斷
끊다 절 絶
서로 연결된 관계를 끊다.

8

어휘를 넓혀요

정답과 해설 6쪽

01 밑줄 그은 어휘의 뜻에 맞는 말을 괄호 안에서 골라 ○표를 하시오.

1 나는 늘 나를 챙겨 주는 민지에게 친밀감을 느낀다.
→ 뜻 지내는 사이가 매우 (친하고 가까운 | 낯설고 먼) 느낌

2 우리 집에서 도서관에 갈 때는 지하철보다 버스를 타고 가는 것이 더 경제적이다.
→ 뜻 돈이나 시간, 노력을 (많게 | 적게) 들이는 것

02 밑줄 그은 어휘와 뜻이 비슷한 어휘로 알맞은 것은? [ ]

형은 친구들과의 연락도 단절하고 시험 공부에만 집중했다.

① 잇고 ② 맺고 ③ 끊고
④ 걸치고 ⑤ 취소하고

03 밑줄 그은 어휘의 뜻을 보기에서 골라 알맞은 기호를 쓰시오.

보기
㉠ 일정한 곳에 자리를 잡아 머물러 살다.
㉡ 새로운 제도나 문화 현상 따위가 당연한 것으로 사회에 받아들여지다.

1 윤호는 고향을 떠나 서울에 정착하였다. [ ]
2 학생들의 질서 의식이 정착되기를 바란다. [ ]

04 뜻과 예문을 보고, 빈칸에 들어갈 알맞은 글자를 쓰시오.

1 단 (끊다 斷) + □ { 뜻 물체의 잘라 낸 면 / 예문 나무의 ____에는 여러 개의 나이테가 있다.

2 절 (끊다 絶) + □ { 뜻 바라볼 것이 없게 되어 모든 희망을 끊어 버리다. / 예문 언니는 실패했지만 ____하지 않고 다시 도전했다.

9

* 필수 어휘와 연관된 관용 표현과 문법을 배우고, 교과서 관련 글을 읽으며 어휘력을 키워요.

어법+표현 다져요

05 보기를 보고, 문장에 알맞은 어휘를 괄호 안에서 골라 ○표를 하시오.

보기
적다 : 수나 양이 보통보다 모자라다. 예 용돈이 적다.
작다 : 길이, 넓이, 크기 따위가 비교 대상이나 보통보다 덜하다. 예 동생은 나보다 키가 작다.

1 올해 여름에는 유난히 비가 (적게 | 작게) 내렸다.
2 작년에 입던 옷이 (적어서 | 작아서) 입을 수가 없다.
3 덩치가 (적다고 | 작다고) 해서 밥을 (적게 | 작게) 먹는 것은 아니다.

06 밑줄 그은 어휘의 '-감'이 보기의 뜻으로 쓰이지 않은 것은? [ ]

보기
-감(感) : '느낌'이나 '마음'의 뜻을 더하는 말

① 취미로 시작한 그림은 미희의 자랑감이 되었다.
② 나는 친구가 거짓말을 하였다는 배신감에 몸을 떨었다.
③ 감독은 선수들에게 이길 수 있다는 자신감을 심어 주었다.
④ 주희는 소풍에 대한 기대감으로 쉽게 잠을 이루지 못했다.
⑤ 민주는 맡은 일은 완벽하게 처리하는 책임감 있는 사람이다.

07 다음에서 설명하는 한자 성어로 알맞은 것은? [ ]

이 한자 성어는 '물과 물고기의 사귐'이라는 뜻으로, 물고기가 물을 떠나서는 잠시도 살 수 없듯이 '서로 떨어질 수 없는 매우 친밀한 사이'를 말한다. 이 말은 중국 삼국 시대의 유비와 제갈량의 사이에서 유래되었다. 유비와 제갈량이 날이 갈수록 친밀해지는 것을 관우와 장비가 못마땅하게 여기자, 유비는 그들에게
"내가 공명(제갈량) 선생을 얻음은 마치 물고기가 물을 만남이나 마찬가지라네. 너무 불평하지 말게나."
하고 타일렀다고 한다.

① 죽마고우(竹馬故友) ② 붕우유신(朋友有信)
③ 와신상담(臥薪嘗膽) ④ 수어지교(水魚之交)
⑤ 호형호제(呼兄呼弟)

10

어휘로 교과서 읽어요

정답과 해설 6쪽

08~10 국어 문법

'갑분싸(갑자기 분위기 싸해진다)', 'ㅇㅈ(인정)'과 같은 말은 시대의 변화에 따라 새로 생긴 말인 신조어이다. 신조어는 유행어처럼 일정 기간 사용되다가 사라지기도 하고, 많은 사람들이 오랫동안 사용하면 표준어로 정착되기도 한다.
신조어는 그 말을 아는 사람끼리 사용하면 의사소통을 빠르게 할 수 있어 경제적이다. '갑분싸'처럼 낱말의 앞 글자를 따서 말을 줄이거나, 'ㅇㅈ'처럼 각 글자의 첫 번째 자음만 적으면 내용을 전하는 데 드는 시간을 절약할 수 있기 때문이다. 또 신조어는 그 말을 사용하는 사람들끼리 서로 친밀감을 느끼게 한다. 신조어 사용에는 이러한 긍정적인 면도 있지만 부정적인 면도 있다. 신조어를 모르는 사람과 대화할 때 신조어를 사용하면 대화가 원활하게 이루어지기 어려워 대화가 단절될 수 있다. 더 큰 문제는 표준어나 맞춤법을 제대로 지키지 않은 신조어 때문에 한글이 파괴되는 경우가 많다는 것이다. 따라서 신조어를 무분별하게 사용하지 않도록 주의해야 한다.

08 이 글의 핵심 내용을 파악하여 빈칸에 공통으로 들어갈 알맞은 말을 쓰시오.

{ □ 의 뜻과 □ 사용의 장단점 }

09 '갑분싸'나 'ㅇㅈ'과 같은 말에 대한 설명으로 알맞지 않은 것은? [ ]

① 시대의 변화에 따라 새로 생긴 말이다.
② 한글이 파괴될 수 있다는 부정적인 면이 있다.
③ 유행어처럼 일정 기간 사용되다가 사라질 수 있다.
④ 이 말을 모르는 사람과 대화할 때 사용하면 친밀감을 높일 수 있다.
⑤ 이 말을 아는 사람과 대화할 때 사용하면 의사소통을 빠르게 할 수 있다.

10 신조어를 바람직하게 사용하는 방법을 알맞게 말한 사람을 쓰시오.

유리: 모든 신조어를 표준어로 등록해서 사용하는 것이 좋겠어.
수민: 한글이 파괴되더라도 빠른 의사소통을 위해 신조어를 많이 만들어야겠어.
지훈: 대화할 때 상대가 신조어를 알고 있을지 고려하여 신조어를 사용해야겠어.

[ ]

11

✔ 책으로 하루 4쪽씩 공부하며, 초등 어휘력을 키워요!

✔ 모바일앱으로 공부한 내용을 복습하고 몬스터를 잡아요!

공부한 내용 확인하기

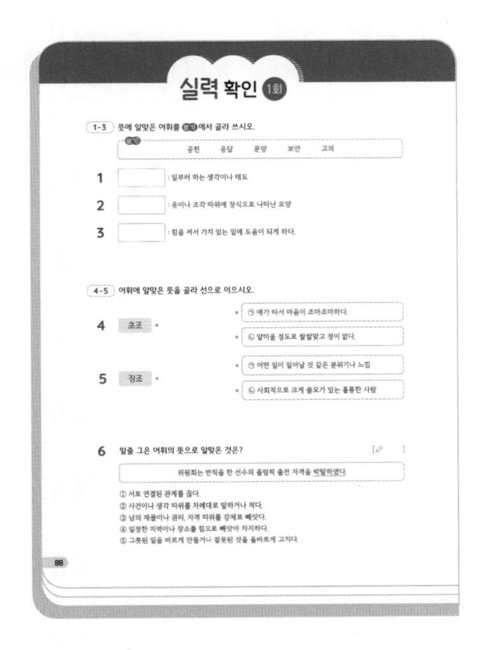

실력 확인 1회

1-3 뜻에 알맞은 어휘를 보기에서 골라 쓰시오.

보기: 공헌 응답 문양 보안 고의

1 ☐ : 일부러 하는 생각이나 태도

2 ☐ : 옷이나 조각 따위에 장식으로 나타난 모양

3 ☐ : 힘을 써서 가치 있는 일에 도움이 되게 하다.

4-5 어휘에 알맞은 뜻을 골라 선으로 이으시오.

4 초조 •
- • ㉠ 애가 타서 마음이 조마조마하다.
- • ㉡ 얄미울 정도로 쌀쌀맞고 정이 없다.

5 징조 •
- • ㉠ 어떤 일이 일어날 것 같은 분위기나 느낌
- • ㉡ 사회적으로 크게 쓸모가 있는 훌륭한 사람

6 밑줄 그은 어휘의 뜻으로 알맞은 것은? [ ]

위원회는 반칙을 한 선수의 올림픽 출전 자격을 박탈하였다.

① 서로 연결된 관계를 끊다.
② 사건이나 생각 따위를 차례대로 말하거나 적다.
③ 남의 재물이나 권리, 자격 따위를 강제로 빼앗다.
④ 일정한 지역이나 장소를 힘으로 빼앗아 차지하다.
⑤ 그릇된 일을 바르게 만들거나 잘못된 것을 올바르게 고치다.

88

✳ 20일 동안 배운 어휘를 문제로 풀어 보며 자기의 실력을 확인해요.

모바일앱으로 복습하기

앱 다운받기

책 인증하기

✳ 그날 배운 내용을 바로바로,
또는 주말에 모아서 복습하고,
다이아몬드 획득까지!
공부가 저절로 즐거워져요!

차례

우리도 하루 4쪽 공부 습관!
스스로 공부하는 힘을
키워 볼까요?

큰 습관이
지금은 그 친구를 이끌고 있어요.
매일매일의 좋은 습관은 우리를 좋은
곳으로 이끌어 줄 거예요.

한 친구가
작은 습관을 만들었어요.

매일매일의 시간이 흘러
작은 습관은 큰 습관이 되었어요.

국어 문법

새로 생기는 말들

경제적

다스리다	경	經
도움이 되다	제	濟
~하는 것	적	的

돈이나 시간, 노력을 적게 들이는 것

정착

정하다	정	定
붙다	착	着

새로운 제도나 문화 현상 따위가 당연한 것으로 사회에 받아들여지다.

밥 먹는 것도 귀찮다. 미래에는 식사용 알약이 나올 거래. 정말 경제적이지 않아?
식사용 알약이 정착되려면 오랜 시간이 필요할 거야.

친구가 휴대 전화만 보니까 친밀감도 안 느껴지고, 대화가 단절된 기분이야.

친밀감

친하다	친	親
가깝다	밀	密
느끼다	감	感

지내는 사이가 매우 친하고 가까운 느낌

단절

끊다	단	斷
끊다	절	絕

서로 연결된 관계를 끊다.

어휘를 넓혀요

정답과 해설 6쪽

01 밑줄 그은 어휘의 뜻에 맞는 말을 괄호 안에서 골라 ○표를 하시오.

1 나는 늘 나를 챙겨 주는 민지에게 친밀감을 느낀다.
→ 뜻 지내는 사이가 매우 (친하고 가까운 | 낯설고 먼) 느낌

2 우리 집에서 도서관에 갈 때는 지하철보다 버스를 타고 가는 것이 더 경제적이다.
→ 뜻 돈이나 시간, 노력을 (많게 | 적게) 들이는 것

02 밑줄 그은 어휘와 뜻이 비슷한 어휘로 알맞은 것은? [ ]

형은 친구들과의 연락도 단절하고 시험 공부에만 집중했다.

① 잇고 ② 맺고 ③ 끊고
④ 걸치고 ⑤ 취소하고

03 밑줄 그은 어휘의 뜻을 보기에서 골라 알맞은 기호를 쓰시오.

보기
㉠ 일정한 곳에 자리를 잡아 머물러 살다.
㉡ 새로운 제도나 문화 현상 따위가 당연한 것으로 사회에 받아들여지다.

1 윤호는 고향을 떠나 서울에 정착하였다. [ ]

2 학생들의 질서 의식이 정착되기를 바란다. [ ]

04 뜻과 예문을 보고, 빈칸에 들어갈 알맞은 글자를 쓰시오.

1 단 (끊다 斷) + ☐
뜻 물체의 잘라 낸 면
예문 나무의 ______에는 여러 개의 나이테가 있다.

2 절 (끊다 絕) + ☐
뜻 바라볼 것이 없게 되어 모든 희망을 끊어 버리다.
예문 언니는 실패했지만 ______하지 않고 다시 도전했다.

어법+표현 다져요

05 보기를 보고, 문장에 알맞은 어휘를 괄호 안에서 골라 ○표를 하시오.

보기

적다 : 수나 양이 보통보다 모자라다. 예 용돈이 적다.

작다 : 길이, 넓이, 크기 따위가 비교 대상이나 보통보다 덜하다.
예 동생은 나보다 키가 작다.

1 올해 여름에는 유난히 비가 (적게 | 작게) 내렸다.

2 작년에 입던 옷이 (적어서 | 작아서) 입을 수가 없다.

3 덩치가 (적다고 | 작다고) 해서 밥을 (적게 | 작게) 먹는 것은 아니다.

06 밑줄 그은 어휘의 '-감'이 보기의 뜻으로 쓰이지 않은 것은? [ ]

보기

-감(感) : '느낌'이나 '마음'의 뜻을 더하는 말

① 취미로 시작한 그림은 미희의 자랑감이 되었다.
② 나는 친구가 거짓말을 하였다는 배신감에 몸을 떨었다.
③ 감독은 선수들에게 이길 수 있다는 자신감을 심어 주었다.
④ 주희는 소풍에 대한 기대감으로 쉽게 잠을 이루지 못했다.
⑤ 민주는 맡은 일은 완벽하게 처리하는 책임감 있는 사람이다.

07 다음에서 설명하는 한자 성어로 알맞은 것은? [ ]

이 한자 성어는 '물과 물고기의 사귐'이라는 뜻으로, 물고기가 물을 떠나서는 잠시도 살 수 없듯이 '서로 떨어질 수 없는 매우 친밀한 사이'를 말한다. 이 말은 중국 삼국 시대의 유비와 제갈량의 사이에서 유래되었다. 유비와 제갈량이 날이 갈수록 친밀해지는 것을 관우와 장비가 못마땅하게 여기자, 유비는 그들에게

"내가 공명(제갈량) 선생을 얻음은 마치 물고기가 물을 만남이나 마찬가지라네. 너무 불평하지 말게나."

하고 타일렀다고 한다.

① 죽마고우(竹馬故友)
② 붕우유신(朋友有信)
③ 와신상담(臥薪嘗膽)
④ 수어지교(水魚之交)
⑤ 호형호제(呼兄呼弟)

정답과 해설 6쪽

08~10

국어 문법

'갑분싸(갑자기 분위기 싸해진다)', 'ㅇㅈ(인정)'과 같은 말은 시대의 변화에 따라 새로 생긴 말인 신조어이다. 신조어는 유행어처럼 일정 기간 사용되다가 사라지기도 하고, 많은 사람들이 오랫동안 사용하면 표준어로 정착되기도 한다.

신조어는 그 말을 아는 사람끼리 사용하면 의사소통을 빠르게 할 수 있어 경제적이다. '갑분싸'처럼 낱말의 앞 글자를 따서 말을 줄이거나, 'ㅇㅈ'처럼 각 글자의 첫 번째 자음만 적으면 내용을 전하는 데 드는 시간을 절약할 수 있기 때문이다. 또 신조어는 그 말을 사용하는 사람들끼리 서로 친밀감을 느끼게 한다. 신조어 사용에는 이러한 긍정적인 면도 있지만 부정적인 면도 있다. 신조어를 모르는 사람과 대화할 때 신조어를 사용하면 대화가 원활하게 이루어지기 어려워 대화가 단절될 수 있다. 더 큰 문제는 표준어나 맞춤법을 제대로 지키지 않은 신조어 때문에 한글이 파괴되는 경우가 많다는 것이다. 따라서 신조어를 무분별하게 사용하지 않도록 주의해야 한다.

08 이 글의 핵심 내용을 파악하여 빈칸에 공통으로 들어갈 알맞은 말을 쓰시오.

{ [　　　　]의 뜻과 [　　　　] 사용의 장단점 }

09 '갑분싸'나 'ㅇㅈ'과 같은 말에 대한 설명으로 알맞지 <u>않은</u> 것은? [ ]

① 시대의 변화에 따라 새로 생긴 말이다.
② 한글이 파괴될 수 있다는 부정적인 면이 있다.
③ 유행어처럼 일정 기간 사용되다가 사라질 수 있다.
④ 이 말을 모르는 사람과 대화할 때 사용하면 친밀감을 높일 수 있다.
⑤ 이 말을 아는 사람과 대화할 때 사용하면 의사소통을 빠르게 할 수 있다.

10 신조어를 바람직하게 사용하는 방법을 알맞게 말한 사람을 쓰시오.

유리: 모든 신조어를 표준어로 등록해서 사용하는 것이 좋겠어.
수민: 한글이 파괴되더라도 빠른 의사소통을 위해 신조어를 많이 만들어야겠어.
지훈: 대화할 때 상대가 신조어를 알고 있을지 고려하여 신조어를 사용해야겠어.

[ ]

사회 사회·문화

02 휴대 전화 없이 살 수 없어

제지

말리다	제 制
그만두다	지 止

말려서 못 하게 하다.

초조

애태우다	초 焦
애태우다	조 燥

애가 타서 마음이 조마조마하다.

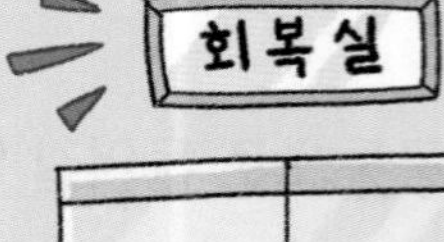

회복실

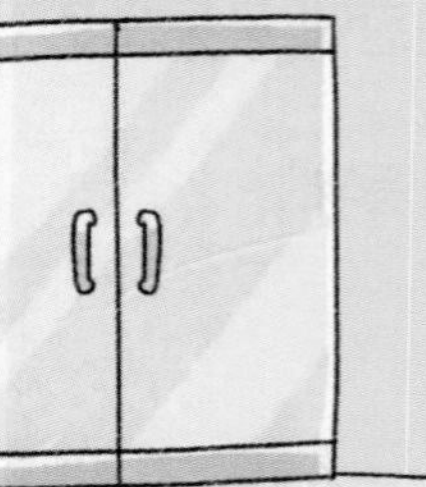

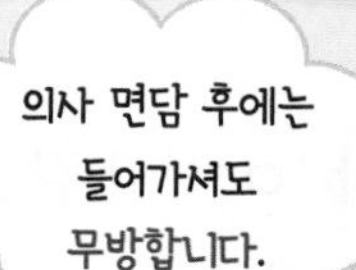

아이가 걱정돼 들어가려다가 제지당했어요. 혹시 무슨 일이라도 생길까 봐 초조하네요.
간단한 수술이니 과도하게 걱정하지 맙시다.
의사 면담 후에는 들어가셔도 무방합니다.

과도

지나치다	과 過
정도	도 度

일정한 정도나 한도에 지나치다.

무방하다

없다	무 無
방해하다	방 妨

어떤 일이나 행동을 하는 데 걸려 방해되는 것이 없이 괜찮다.

어휘를 넓혀요

정답과 해설 7쪽

01 밑줄 그은 어휘의 뜻에 맞는 말을 괄호 안에서 골라 ○표를 하시오.

1 과도한 다이어트는 건강에 좋지 않다.

→ 뜻 일정한 정도나 한도에 (알맞다 | 지나치다).

2 경기 결과를 기다리는 선수의 마음이 초조하다.

→ 뜻 애가 타서 마음이 (편안하다 | 조마조마하다).

02 다음 표에서 뜻이 비슷한 어휘를 골라 ○표를 하시오.

1 초조하다

비슷한 뜻

침착하다 | 차분하다 | 안절부절못하다

2 무방하다

비슷한 뜻

괜찮다 | 걸리다 | 방해되다

03 빈칸에 공통으로 들어갈 알맞은 어휘를 쓰시오.

• 경비원이 잔디밭으로 들어가려는 나를 ☐☐했다.

• 누나가 조용히 하라며 내가 말하려던 것을 ☐☐했다.

04 빈칸에 '지나치다 과(過)' 자가 들어간 어휘를 쓰시오.

1 엘리베이터 정원이 ☐ 과 되니 경고음이 울린다.

일정한 수나 한도를 넘다.

2 아버지께서 요즘 과 ☐ 하셔서 병이라도 나실까 걱정이다.

몸이 고달플 정도로 지나치게 일하다.

어법+표현 다져요

05 보기를 보고, 괄호 안에서 띄어쓰기가 바른 것을 골라 ◯표를 하시오.

보기

'못 하다'와 '-지 못하다'

- '못'은 어떤 동작을 할 수 없다거나 그런 상태가 이루어지지 않았다는 부정의 뜻을 나타낸다. 이럴 때 '못'은 뒷말과 띄어 쓴다.
  예 밥을 못 먹다.
- '못'은 '-지 못하다'의 형태로 쓰일 때 뒷말과 붙여 쓰기도 한다. '-지 못하다'도 앞의 행동이 이루어지지 않거나 그렇게 할 능력이 없다는 뜻을 나타낸다.
  예 배가 아파 밥을 먹지 못하다.

1 눈물이 나서 말을 잇지 (못하다 | 못 하다).

2 일정이 바빠서 관광지 구경을 전혀 (못하다 | 못 하다).

06 [ ] 안의 말 중에서 표기가 바른 어휘를 골라 ◯표를 하시오.

1 나는 사진을 찍기 위해 [반듯이 / 반듯히] 앉아 있었다.

2 언니는 좋아하는 연예인을 보자 [과도이 / 과도히] 흥분했다.

3 어머니가 수술에 들어간 아이를 [초조이 / 초조히] 기다렸다.

07 다음 한자 성어를 활용한 문장으로 알맞은 것에 ✓표를 하시오.

勞	心	焦	思
힘쓰다 노	마음 심	애태우다 초	생각하다 사

'노심초사'는 어떤 일에 대한 걱정과 우려로 몹시 마음을 쓰며 초조해한다는 뜻이다.

☐ 나는 거짓말한 것을 들킬까 봐 노심초사했다.

☐ 친구가 자신이 그린 그림을 노심초사하며 뿌듯해했다.

☐ 그는 불합격 소식을 듣고도 전혀 놀라지 않고 노심초사했다.

어휘로 교과서 읽어요

정답과 해설 7쪽

08~10 다음 글을 읽고, 물음에 답하시오. 사회 사회·문화

'㉠노모포비아'는 'no(없다) + mobile – phone(휴대 전화) + phobia(공포)'를 합하여 새로 만들어진 말이다. 휴대 전화를 사용할 수 없거나 휴대 전화가 눈에 보이지 않으면 초조함이나 불안감을 느끼는 증상을 일컫는 말이다. 휴대 전화를 수시로 만지작거리거나 손에서 떨어진 상태로 5분도 채 버티지 못한다면 노모포비아라고 해도 무방하다. 이 증상이 심한 사람은 강제로 휴대 전화 사용을 제지당했을 때 폭력적인 반응을 보이기도 한다.

우리나라는 전체 휴대 전화 사용자 중 3명당 1명 꼴로 노모포비아를 보인다고 한다. 한 조사 결과에 따르면, 노모포비아를 겪는 사람 중 25퍼센트는 휴대 전화 사용 도중 사고를 당한 경험이 있으며, 20퍼센트는 과도하게 휴대 전화 자판을 눌러서 생긴 손가락 통증을 호소했다고 한다. 노모포비아를 예방하기 위해서는 휴대 전화 사용 시간을 줄이도록 노력하고, 휴대 전화로 하는 소통이나 인터넷 검색이 아닌 사람들과 직접 교류하는 취미 생활을 갖는 것이 좋다.

08 이 글의 핵심 내용을 파악하여 빈칸에 들어갈 알맞은 말을 쓰시오.

{ (   ) 의 뜻과 예방법 }

09 ㉠에 해당하는 경우로 볼 수 있는 것은? [ ]

① 휴대 전화를 꺼 두고 싶다.
② 최신 유행은 다 해 봐야 한다.
③ 최신 휴대 전화가 나올 때마다 사고 싶다.
④ 휴대 전화가 눈에 보이지 않으면 초조하다.
⑤ 동영상을 보는 것보다는 책을 읽는 것이 좋다.

10 이 글을 읽고 난 반응이 나머지와 다른 것은? [ ]

① 휴대 전화 게임을 장시간 하지 않아야겠어.
② 길을 걸을 때에는 휴대 전화를 보지 않아야겠어.
③ 휴대 전화 메신저는 꼭 필요할 때만 사용해야겠어.
④ 휴대 전화로 인터넷 검색을 자주 해서 검색 능력을 키우겠어.
⑤ 휴대 전화 사용을 줄이고 사람들과 직접 만나서 하는 취미를 가져야겠어.

과학 대기

03 구름으로 아는 날씨

상승

위	상 上
오르다	승 昇

낮은 데서 위로 올라가다.

동반

함께	동 同
짝	반 伴

어떤 사물이나 현상이 함께 생기다.

구름에 강한 상승 기류가 일어나 천둥과 번개를 동반한 소나기가 쏟아지겠습니다.

전국 강한 비

내 예측이 맞았어!
무릎이 아픈 게 비가
올 징조더라니!

예측

미리	예 豫
헤아리다	측 測

미리 헤아려 짐작하다.

징조

부르다	징 徵
조짐	조 兆

어떤 일이 일어날 것 같은 분위기나 느낌

어휘를 넓혀요

정답과 해설 8쪽

01 빈칸에 들어갈 알맞은 어휘를 쓰시오.

1 두 선수의 실력이 비슷하여 결과를 [ ][ ]하기가 어렵다.

2 할머니께서는 잠자리가 낮게 나는 것을 보고 비가 올 [ ][ ]라고 하셨다.

02 밑줄 그은 어휘가 어떤 뜻으로 쓰였는지 알맞게 선으로 이으시오.

1 이번 주말에 가족 동반으로 여행을 떠나려고 한다. •

2 이번 태풍은 엄청난 양의 비를 동반할 것으로 예상된다. •

• ㉠ 어떤 사물이나 현상이 함께 생기다.

• ㉡ 어떤 일을 하거나 어디에 가는 것을 함께하다.

03 다음 표에서 뜻이 비슷하거나 반대되는 어휘를 골라 ○표를 하시오.

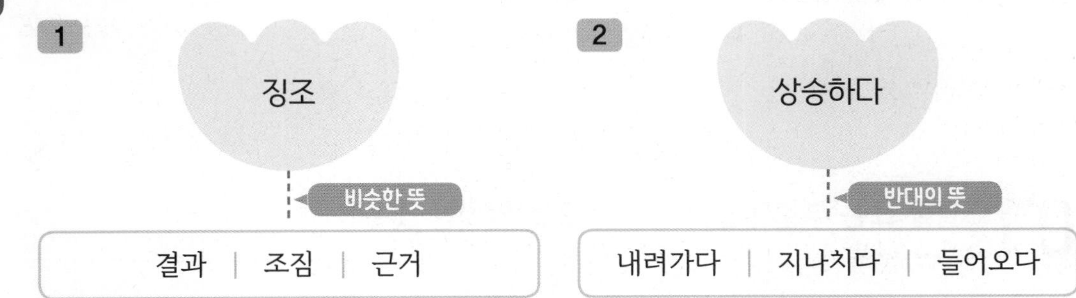

04 빈칸에 '미리 예(豫)' 자가 들어간 어휘를 쓰시오.

1 감기를 [예][ ]하려면 손을 깨끗이 씻어야 한다.
병이나 사고 따위가 일어나기 전에 미리 대처하여 막다.

2 종일 비가 온다던 일기 [예][ ]와 달리 날씨가 맑게 갰다.
앞으로 일어날 일을 미리 알리다. 또는 그런 보도

3 이 식당은 평일에도 [예][ ]을 해야 할 정도로 손님이 많다.
미리 약속하다. 또는 미리 정한 약속

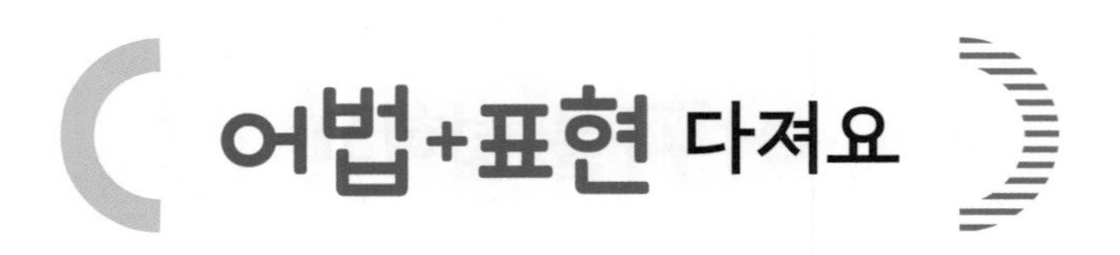

05 다음 문장에서 밑줄 그은 어휘를 바르게 고쳐 쓰시오.

1 다른 사람의 마음을 해아리다. →

2 아이는 피곤했는지 금새 잠이 들었다. →

3 요컨데, 모두 함께 노력하자는 말이다. →

4 도데체 어디를 갔다가 이제 오는 거니? →

06 밑줄 그은 내용과 바꾸어 쓸 수 있는 관용 표현으로 알맞은 것은? [ ]

> 미소: 올해 신인 연기상은 배우 ○○○가 받았대.
> 유진: 오, ○○○가 연기도 잘하고 겸손해서 성공할 거라 생각했는데, 과연 예측한 대로 상을 받았구나!

① 아닌 말로　② 앉으나 서나　③ 아닌 밤중에
④ 아니나 다를까　⑤ 알다가도 모르다

07 밑줄 그은 부분에 들어갈 내용으로 알맞은 것은? [ ]

烏	飛	梨	落
까마귀 오	날다 비	배 이	떨어지다 락

'오비이락'은 "까마귀 날자 배 떨어진다"라는 속담과 같은 뜻이다. 옛날에 까마귀가 배나무에 앉아 있었는데, 까마귀가 날아가려는 순간 우연히 배가 떨어졌다. 이를 본 사람들은 까마귀가 배를 떨어뜨렸다고 의심했다. 이처럼 ________________ 를 '오비이락'이라고 한다.

① 간사한 꾀로 남을 속이는 경우
② 죽어서라도 은혜를 꼭 갚는 경우
③ 한 가지 일로 두 가지 이득을 얻는 경우
④ 어려운 처지에 있는 사람끼리 서로 가엾게 여기는 경우
⑤ 아무 상관없는 일이 함께 생겨서 괜한 의심을 받는 경우

어휘로 교과서 읽어요

정답과 해설 8쪽

08~10 다음 글을 읽고, 물음에 답하시오.

과학 대기

구름은 작은 물방울이나 얼음 알갱이가 모여 하늘에 떠 있는 것을 말한다. *지표면의 공기는 따뜻한 햇볕을 받아 데워지면 하늘로 높이 상승한다. 하늘로 올라갈수록 온도는 점점 낮아지는데, 공기 중의 수증기가 찬 공기를 만나면 작은 물방울이 되거나 얼음 알갱이 상태로 변한다. 이것이 모여서 이루어진 덩어리가 구름이다.

구름은 날씨와 큰 관계가 있어서 구름의 모양을 보면 그날의 날씨를 예측할 수 있다. '뭉게구름', '산봉우리구름'은 밑은 평평하고 꼭대기는 솜처럼 뭉실뭉실한 모양으로 맑은 날씨에 잘 나타난다. '새털구름'은 새털 같은 하얀 줄무늬 모양으로 날씨가 맑았다가 점차 흐려지기 시작할 때 나타난다. '비늘구름', '조개구름'은 희고 작은 구름 조각이 촘촘히 흩어진 모양으로 비가 올 징조를 나타낸다. 또 '소나기구름', '소낙비구름'은 위가 산처럼 솟은 모양을 한 구름으로 우박, 소나기, 천둥, 번개를 동반한다.

* **지표면**(땅 地, 겉 表, 표면 面): 지구의 표면 또는 땅의 겉면

08 이 글의 핵심 내용을 파악하여 빈칸에 들어갈 알맞은 말을 쓰시오.

구름이 생기는 원리와 구름의 모양에 따라 예측할 수 있는 [ ]

09 구름이 생기는 과정에 맞게 빈칸에 들어갈 알맞은 말을 쓰시오.

지표면의 공기가 하늘로 높이 상승함. → 공기의 온도가 점점 낮아짐. → 공기 중의 [ ]가 작은 물방울이나 얼음 알갱이 상태로 변함. → 구름이 만들어짐.

10 구름의 모양을 보고 날씨를 알맞게 예측한 것은? [ ]

① 뭉게구름이 뜬 것을 보니 우박이 오겠군.
② 조개구름이 뜬 것을 보니 곧 비가 올 것 같아.
③ 비늘구름이 뜬 것을 보니 날씨가 무척 덥겠어.
④ 새털구름이 뜬 것을 보니 흐린 날씨가 맑아지겠어.
⑤ 소나기구름이 뜬 것을 보니 날씨가 아주 맑을 것 같아.

수학 도형

04 도형이 예술이 되다

영감

훌륭하다 영 靈
느끼다 감 感

새로운 것을 만들어 내는 활동과 관련한 기발하고 좋은 생각

맞붙이다

서로 마주 붙게 하다.

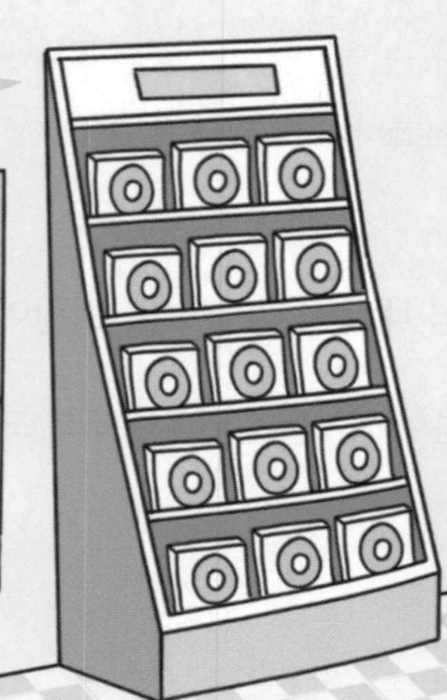

이 가수의 음악은 작곡가들에게 좋은 영감을 준다고 해.

가수 포스터와 시디 진열대를 맞붙여 놓아서 찾기가 쉽네!

동서양을 불문하고 그 가수의 음악은 세계 최고지. 한국 음악의 우수성을 전 세계에 알리는 데 크게 공헌을 했어.

불문

아니다 불 不
묻다 문 問

차이를 가리지 않다.

공헌

이바지하다 공 貢
바치다 헌 獻

힘을 써서 가치 있는 일에 도움이 되게 하다.

어휘를 넓혀요

정답과 해설 9쪽

01 밑줄 그은 부분과 바꾸어 쓸 수 있는 어휘를 괄호 안에서 골라 ○표를 하시오.

1 청바지는 남녀노소를 가리지 않고 입을 수 있는 옷이다.

↳ (불문하고 | 불과하고)

2 아이가 두 종이의 양 끝에 풀칠을 하여 두 종이를 서로 마주 붙게 했다.

↳ (맞바꿨다 | 맞붙였다)

02 빈칸에 공통으로 들어갈 알맞은 어휘를 쓰시오.

- 여행을 하다 보니 새로운 작품의 [ ][ ]이 떠오른다.
- 그 소설가는 평범한 일상생활에서 [ ][ ]을 얻어 여러 편의 소설을 썼다.

03 빈칸에 들어갈 어휘로 알맞지 않은 것을 골라 ✓표를 하시오.

많은 봉사 단체들이 어려운 사람을 도우며 사회에 크게 [　　] 있다.

☐ 기여하고　☐ 방해하고　☐ 공헌하고　☐ 이바지하고

04 빈칸에 '바치다 헌(獻)' 자가 들어간 어휘를 쓰시오.

1 누나는 아픈 사람들을 도우려고 한 달에 한 번씩 [헌][ ]을 한다.

피가 부족한 환자를 위하여 건강한 사람이 피를 뽑아 주다.

2 부모의 한없는 사랑과 [헌][ ]으로 아픈 아이가 건강을 되찾았다.

몸과 마음을 바쳐 모든 정성과 노력을 다하다.

어법+표현 다져요

05 보기를 보고, 밑줄 그은 어휘를 '행동을 하게 하는 말'로 바꾸어 쓰시오.

보기

어휘에 '-이-, -히-, -리-, -기-, -우-, -구-, -추-'를 붙여 사람이나 사물이 남에게 어떤 행동을 하게 하는 말을 만들 수 있다.

붙다 → 붙- + -이- + -다 → 붙이다

붙다: 맞닿아 떨어지지 않다.
붙이다: 맞닿아 떨어지지 않게 하다.

1 동생이 속다. → 내가 동생을 [   ].

2 비행기가 날다. → 누나가 비행기를 [   ].

3 아이가 옷을 입다. → 어머니가 아이에게 옷을 [   ].

06 밑줄 그은 관용 표현의 뜻으로 알맞은 것은? [✎   ]

선생님: 윤봉길, 이봉창, 유관순, 안중근, 안창호……. 이분들의 공통점은 무엇일까요?
소영: 일제 강점기 때 우리나라 독립에 공헌하신 독립운동가분들입니다.
선생님: 맞아요. 우리나라를 위해 일본에 맞서 목숨까지 바치신 분들이랍니다.
소영: 끝까지 나라를 지키려고 했던 분들을 생각하니 절로 고개가 수그러져요.

① 마음이 흡족해지다.
② 존경스러운 마음이 들다.
③ 조금의 망설임이나 흔들림이 없다.
④ 마음이 깜짝 놀라거나 양심에 찔리다.
⑤ 무엇을 의심스러워하거나 잘 몰라서 궁금해하다.

07 밑줄 그은 부분에 공통으로 들어갈 한자 성어에 ✓표를 하시오.

- 민수는 ________ 한 방법으로 아무도 풀지 못한 수수께끼 문제를 풀었다.
- 토끼는 간을 육지에 놓고 왔다는 ________ 한 꾀를 발휘해 용궁에서 탈출했다.
- 이 영화는 박물관의 전시물이 모두 살아난다는 ________ 의 생각으로 만들어졌다.

☐ 금시초문(今始初聞)
어떤 이야기를 지금 처음으로 듣다.

☐ 일맥상통(一脈相通)
생각, 상태, 성질 등이 서로 통하거나 비슷해지다.

☐ 기상천외(奇想天外)
생각이 쉽게 짐작할 수 없을 정도로 기발하고 엉뚱하다.

어휘로 교과서 읽어요

정답과 해설 9쪽

08~10 다음 글을 읽고, 물음에 답하시오.

수학 도형

길거리의 보도블록이나 욕실의 타일 조각을 보면 특정 모양의 도형들로 빈틈없이 차 있는 것을 볼 수 있다. 이처럼 도형을 반복적으로 이용해 평면이나 공간을 빈틈이나 겹침 없이 채우는 것을 '테셀레이션'이라고 한다. 테셀레이션은 하나의 정다각형만을 이용해 만들 수도 있는데, 이때 테셀레이션을 만들 수 있는 정다각형은 정삼각형, 정사각형, 정육각형뿐이다. 도형을 맞붙였을 때 한 점에 모인 각의 합이 360도(°)를 이루어야만 빈틈과 겹침 없이 공간을 완전하게 채울 수 있기 때문이다.

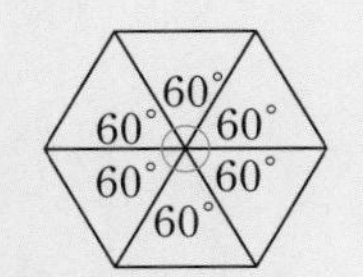

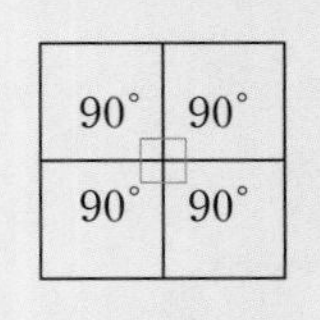

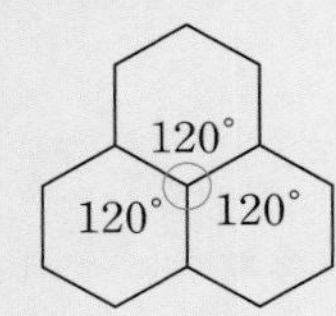

테셀레이션은 동서양을 불문하고 세계 각지에서 찾아볼 수 있다. 테셀레이션을 이용한 가장 유명한 건축물은 스페인의 알람브라 궁전이다. 네덜란드의 미술가인 에셔는 알람브라 궁전의 마루, 벽, 천장 등을 장식한 테셀레이션의 아름다운 무늬에 영감을 받았다. 그는 도형을 나열하는 데 그치지 않고 밀기, 뒤집기, 돌리기 등 수학적 원리를 이용해 여러 가지 패턴을 만들고, 테셀레이션을 미술 분야로 정착시키는 데 공헌하였다.

08 이 글의 핵심 내용을 파악하여 빈칸에 들어갈 알맞은 말을 쓰시오.

{ 테셀레이션의 뜻과 테셀레이션을 예술로 발전시킨 미술가 [ ] }

09 빈칸에 들어갈 말로 알맞은 것은? [ ]

하나의 정다각형만을 이용해 테셀레이션을 만들 때, 테셀레이션을 만들 수 있는 정다각형은 정삼각형, 정사각형, [ ] 뿐이다.

① 정오각형 ② 정육각형 ③ 정칠각형
④ 정팔각형 ⑤ 정구각형

10 테셀레이션이 아닌 것은? [ ]

① 
② 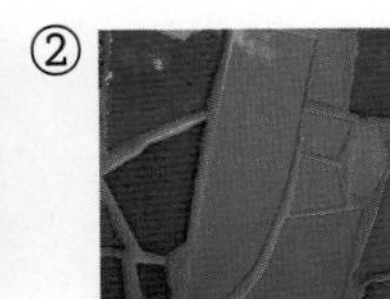
③ 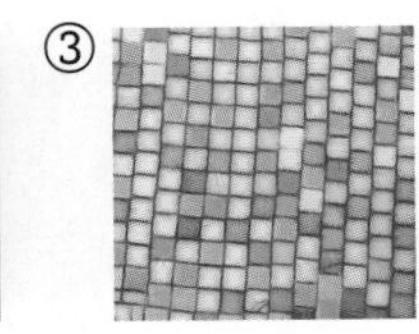
④ 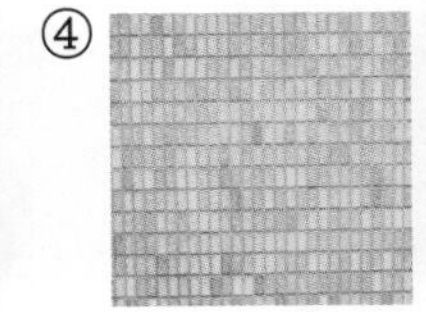
⑤ 

국어 말하기

05 토의와 토론

방안

방법	방 方
생각	안 案

일을 해결할 방법이나 계획

모색

찾다	모 摸
찾다	색 索

바람직한 방향이나 해결 방법을 깊고 넓게 생각하여 찾아보다.

휴지통
우리 빨리 청소할 수 있는 방안을 모색해 보자.
꾀부리지 않고 협력하면 빨리 끝날 거야.

협력

화합하다	협 協
힘쓰다	력 力

힘을 합하여 서로 돕다.

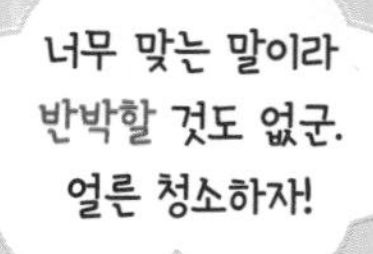

너무 맞는 말이라 반박할 것도 없군. 얼른 청소하자!

반박

반대하다	반 反
공격하여 말하다	박 駁

남의 의견이나 주장에 반대하여 말하다.

어휘를 넓혀요

정답과 해설 10쪽

01 빈칸에 공통으로 들어갈 알맞은 어휘를 쓰시오.

• 그가 한 말은 다 맞는 말이어서 [ ][ ]할 수 없다.
• 민수는 나의 주장을 조목조목 근거를 들어 [ ][ ]했다.

02 밑줄 그은 내용과 바꾸어 쓸 수 있는 어휘를 골라 ○표를 하시오.

1 자연을 보호하기 위한 방법을 깊고 넓게 생각하여 찾아보자.
↳ (모색해 | 실행해) 보자.

2 우리 반 친구들은 학교 축제를 홍보하기 위한 여러 가지 방법과 계획을 마련하였다.
↳ (규칙 | 방안)

03 밑줄 그은 어휘와 뜻이 비슷한 어휘를 골라 ✓표를 하시오.

도시와 촌락은 서로 협력하며 발전해야 한다.

☐ 도우며 ☐ 다투며 ☐ 비교하며 ☐ 경쟁하며

04 보기 의 어휘 중 '찾다 색(索)'이 쓰이지 않은 것의 기호를 쓰시오.

보기

㉠ 색칠: 색깔이 나게 칠을 하다.
㉡ 색출: 샅샅이 뒤져서 찾아내다.
㉢ 검색: 책이나 컴퓨터에서, 목적에 따라 필요한 자료들을 찾아내다.
㉣ 탐색: 드러나지 않은 사물이나 현상 따위를 찾아내거나 밝히기 위하여 살피어 찾다.

[✎]

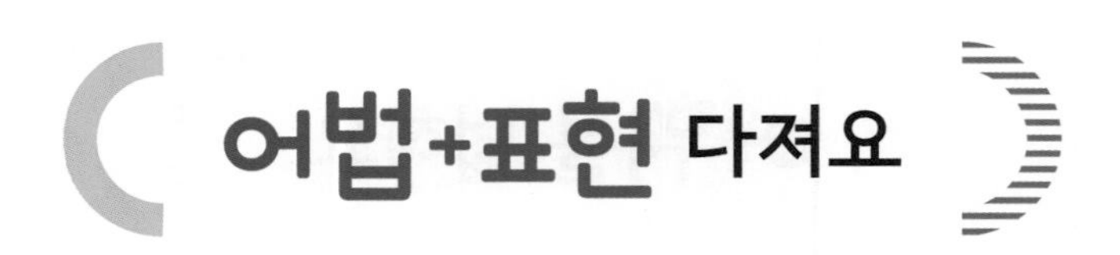

05 보기 를 참고했을 때, 밑줄 그은 어휘가 알맞게 쓰이지 않은 것은? [ ]

보기

다르다	: 비교가 되는 두 대상이 같지 않다. 예 나는 너와 다르다.
틀리다	: 셈이나 사실이 옳지 않거나 어긋나다. 예 계산이 틀리다.

① 이 옷과 저 옷은 색깔만 <u>다르다</u>.
② 그는 대사를 하나도 안 <u>틀리고</u> 줄줄 외웠다.
③ 민지와 민희는 쌍둥이지만 서로 성격이 <u>틀리다</u>.
④ 반장은 이번 시험에서 문제를 많이 <u>틀려서</u> 속상해했다.
⑤ 친구의 의견이 내 생각과 <u>다르다고</u> 무조건 반대하면 안 된다.

06 밑줄 그은 내용과 뜻이 통하는 속담으로 알맞은 것은? [ ]

민수: 빨리 놀고 싶은데 숙제가 너무 많아. 우리 선생님께 숙제 좀 줄여 달라고 하자.
유진: 좋은 생각이야! 네가 선생님께 말씀드릴래?
민수: 나는 혼날까 봐 못하겠어. 네가 말씀드리면 안 될까?
유진: 나도 무서운데…….
기현: <u>실행하지도 못할 방안을 얘기해 봤자</u> 뭐 하니? 시간 낭비하지 말고 숙제나 하자.

① 고양이 쥐 생각
② 고양이 목에 방울 달기
③ 고양이한테 생선을 맡기다
④ 궁지에 빠진 쥐가 고양이를 문다
⑤ 얌전한 고양이 부뚜막에 먼저 올라간다

07 다음 한자 성어를 활용한 문장으로 알맞은 것은? 

甲	論	乙	駁
첫째 갑	논하다 론	둘째 을	공격하여 말하다 박

'갑론을박'은 갑이 주장을 하고 을이 반박을 한다는 뜻으로, 여러 사람이 서로 자기 의견을 내세우고 다른 사람의 의견을 반박하는 모습을 가리킨다.

① 이 옷은 따뜻하고 값도 싸서 <u>갑론을박</u>이다.
② 민지는 나와 단짝 친구라 그런지 <u>갑론을박</u> 잘 통한다.
③ 나와 동생은 여름휴가 장소를 두고 <u>갑론을박</u>을 벌였다.
④ <u>갑론을박</u>도 유분수지. 힘들 때 도와줬더니 왜 화를 내니?
⑤ 언니는 우리가 다투게 된 이야기를 듣고 <u>갑론을박</u>을 가려 주었다.

정답과 해설 10쪽

08~10 다음 글을 읽고, 물음에 답하시오. 국어 말하기

학교생활을 하다 보면 여러 가지 문제가 발생하곤 한다. 그때마다 우리는 문제를 해결하기 위해 친구들과 토의를 하거나 토론을 한다. 토의와 토론은 둘 다 어떠한 문제를 해결하는 것을 목표로 하지만, 문제를 해결하는 방식이 다르다. 토의와 토론은 무엇이 다를까?

토의는 어떠한 문제에 대해 여러 사람이 협력해 가장 적절한 해결 방안을 찾는 것을 말한다. 즉 토의는 서로 도와 최선의 해결 방안을 모색하는 방법이다. 토의 주제는 여러 가지 해결 방안을 제시할 수 있는 것이어야 한다. 예를 들어 '현장 체험 학습 장소 정하기'와 같은 주제는 다양한 의견이 나올 수 있으므로 토의 주제로 알맞다. 토론은 서로 의견이 다른 문제를 두고 찬성과 반대로 나뉘어 자기의 주장을 펼쳐 상대방을 설득하는 것을 말한다. 토론을 할 때에는 상대방의 주장에 대해 반박하고 자기의 주장이 옳다는 것을 증명하기 위해 구체적인 자료나 근거를 제시한다. 토론 주제는 '친구의 별명을 불러도 되는가?'와 같이 찬성과 반대로 뚜렷하게 나뉠 수 있는 문제가 적절하다.

08

이 글의 핵심 내용을 파악하여 빈칸에 들어갈 알맞은 말을 쓰시오.

{ [   ]와 토론의 공통점과 차이점 }

09

이 글에서 알 수 있는 내용으로 알맞지 않은 것은? [   ]

① 토의와 토론은 문제를 해결하는 것이 목표이다.
② 토의는 문제에 대한 최선의 해결 방안을 찾는 방법이다.
③ 토의 주제는 한 가지 의견만 나올 수 있는 것이어야 한다.
④ 토론에서는 상대방의 주장을 반박하기 위해 자료나 근거를 제시한다.
⑤ 토론은 문제에 대하여 찬성과 반대로 나뉘어 상대방을 설득하는 것이다.

10

다음 중 토론 주제로 알맞은 것을 골라 ✓표를 하시오.

- ☐ 교실에서 만화책 보기를 금지해야 할까?
- ☐ 운동장을 깨끗하게 사용하려면 어떻게 해야 할까?
- ☐ 학교 급식 시간에 음식물 쓰레기를 줄이려면 어떻게 해야 할까?

과학 기술

06 온도를 보여 주는 사진기

과열

지나치다	과 過
덥다	열 熱

지나치게 뜨거워지다. 또는 그런 열

특이

특별하다	특 特
다르다	이 異

보통 것이나 보통 상태에 비하여 두드러지게 다르다.

응? 연기가 자욱한데?
아무리 오래 켜 두어도 과열되지 않는 특이한 난로를 발명했다!
위험해! 어서 보안 업체를 불러!

자욱하다

연기나 안개가 잔뜩 끼어 흐릿하다.

보안

지키다	보 保
편안하다	안 安

안전을 유지하다.

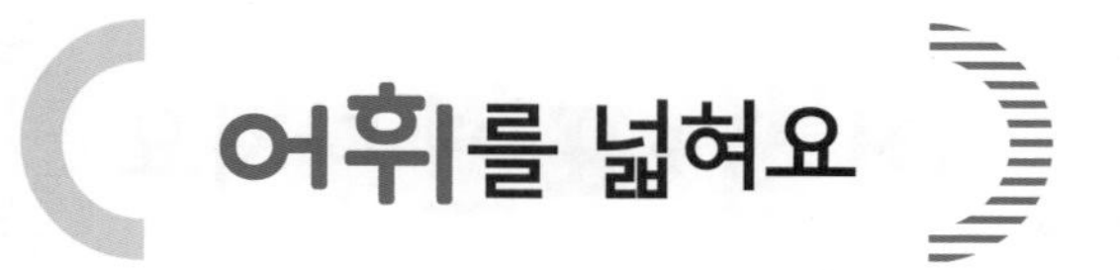

정답과 해설 11쪽

01 빈칸에 공통으로 들어갈 알맞은 어휘를 쓰시오.

사장: 이것은 우리 회사의 비밀 서류이니 철저히 ☐☐ 해 주세요.

사원: 네. 서류 내용이 밖으로 유출되지 않도록 ☐☐ 에 더 신경쓰겠습니다.

02 다음 표에서 뜻이 비슷하거나 반대되는 어휘를 골라 ○표를 하시오.

1 자욱하다 — 비슷한 뜻

뒤덮다 | 깨끗하다 | 또렷하다

2 특이하다 — 반대의 뜻

평범하다 | 독특하다 | 특수하다

03 밑줄 그은 어휘가 어떤 뜻으로 쓰였는지 알맞게 선으로 이으시오.

1 선거일이 다가올수록 후보자들의 경쟁은 점점 과열되었다. •　　• ㉠ 지나치게 뜨거워지다.

2 어젯밤 발생한 화재는 난로가 과열되어 발생한 것으로 밝혀졌다. •　　• ㉡ 지나치게 활기를 띠다.

04 '안(安)' 자가 들어간 보기의 어휘 중 빈칸에 알맞은 어휘를 골라 쓰시오.

보기

안전(편안하다 安, 온전하다 全)　　불안(아니다 不, 편안하다 安)

1 아이들이 길을 ☐ 하게 건널 수 있도록 살펴 주세요.

2 나는 시험을 앞두고 ☐ 에 떠는 동생을 격려해 주었다.

어법+표현 다져요

05 보기를 보고, 빈칸에 들어갈 알맞은 어휘와 뜻을 골라 그 기호를 쓰시오.

보기
- ㉠ 자국 : 다른 물건이 닿거나 묻어서 생긴 자리
- ㉡ 자국 : 부스럼이나 상처가 생겼다가 아문 자리
- ㉢ 자욱(하다) : 연기나 안개가 잔뜩 끼어 흐릿하다.

1 소복이 쌓인 눈 위에 신발 [ ] 이 남아 있다. [ ]

2 운동장에 흙먼지가 안개처럼 [ ] 하게 피어올랐다. [ ]

3 동생의 종아리에는 벌레 물린 [ ] 이 여기저기 남아 있다. [ ]

06 밑줄 그은 부분에 들어갈 관용 표현으로 알맞은 것에 ✓표를 하시오.

오늘 진우의 옷차림은 너무 화려해서 멀리서도 단연 진우가 ____________.

- ☐ 눈에 띄다 : 두드러지게 드러나다.
- ☐ 눈에 익다 : 여러 번 보아서 익숙하다.
- ☐ 눈에 밟히다 : 잊히지 않고 자꾸 떠오르고 생각이 나다.

07 밑줄 그은 내용과 뜻이 통하는 속담으로 알맞은 것은? [ ]

엄마: 윤성아, 내일 가야 할 현장 체험 학습 장소와 시간 기억하니?
윤성: 그럼요. 제가 확실히 기억해요. 오전 9시에 박물관 앞에서 모이기로 했어요.
엄마: 잘 기억했다 하더라도 한 번 더 확인하는 것이 안전할 것 같구나. 선생님이 단체 대화방에 올리신 공지 사항을 확인해 보렴.

① 길을 알면 앞서 가라
② 아는 길도 물어 가랬다
③ 길로 가라니까 뫼로 간다
④ 굼벵이도 제 일을 하려면 한 길은 판다
⑤ 열 길 물속은 알아도 한 길 사람의 속은 모른다

정답과 해설 11쪽

08~10 다음 글을 읽고, 물음에 답하시오. 과학 기술

열화상 사진기는 물체로부터 나오는 적외선을 알아채 물체의 온도를 여러 가지 색깔로 보여 주는 특이한 사진기이다. 열화상 사진기는 빛과 장애물이 있거나 없거나 상관없이 물체의 온도만으로 물체를 확인할 수 있다. 물체에서 온도가 높은 부분일수록 화면에 빨간색으로 나타나고, 온도가 낮아질수록 주황색, 노란색, 파란색 순서로 나타난다.

열화상 사진기는 다양한 분야에서 유용하게 활용되고 있다. 공항이나 병원에서 열화상 사진기를 사용하면 각종 전염병으로 고열을 앓는 환자를 쉽게 찾을 수 있어 질병의 확산을 미리 막을 수 있다. 보안을 목적으로 집이나 골목길 등에 사진기를 설치하면 어두운 밤에도 사람의 움직임을 쉽게 발견할 수 있다. 열화상 사진기는 각종 기계를 고칠 때도 사용되는데, 기계의 과열된 부분을 즉시 발견해 고장이나 사고의 원인을 찾을 수 있다. 화재 현장에서도 열화상 사진기가 사용된다. 소방관들은 열화상 사진기를 통해 자욱한 연기 속에서도 앞을 볼 수 있고 사람의 위치를 파악할 수 있어 보다 빠르게 화재를 진압하고 사람을 구조할 수 있다.

08

이 글의 핵심 내용을 파악하여 빈칸에 들어갈 알맞은 말을 쓰시오.

{ [   ] 사진기의 특징과 그것을 활용하는 예 }

09

열화상 사진기에 대한 설명으로 알맞지 않은 것은? [ ]

① 장애물이 있어도 물체를 확인할 수 있다.
② 빛이 없을 때에는 물체를 확인할 수 없다.
③ 온도가 높은 부분일수록 빨간색으로 나타난다.
④ 온도가 낮아질수록 주황, 노랑, 파랑 순으로 나타난다.
⑤ 물체로부터 나오는 적외선을 알아채 물체의 온도를 나타낸다.

10

이 글에서 말한 열화상 사진기를 활용하는 예가 아닌 것은? [ ]

① 기계의 과열된 부분을 발견할 때
② 어두운 밤에 사람의 움직임을 찾을 때
③ 풍경이나 사물을 눈에 보이는 대로 재현할 때
④ 화재 현장의 연기 속에서 사람의 위치를 파악할 때
⑤ 공항이나 병원에서 전염병으로 고열이 나는 사람을 찾을 때

사회 역사

정조의 꿈이 담긴 성

등재

오르다	등 登
싣다	재 載

일정한 내용을 책 따위에 적어 올리다.

축조

쌓다	축 築
만들다	조 造

쌓아서 만들다.

세계 문화유산에 등재된 경주 역사 문화 지구를 탐방해 보자. 이것은 신라 시대에 축조된 첨성대야.

문화재를 잘 보호하려면 관리를 강화할 필요가 있겠어.

정말 멋있다. 훌륭한 인재들이 만들었나 봐.

인재

사람	인 人
재능	재 材

사회적으로 크게 쓸모가 있는 훌륭한 사람

강화

강하다	강 强
되다	화 化

세력이나 힘을 더 강하고 튼튼하게 하다.

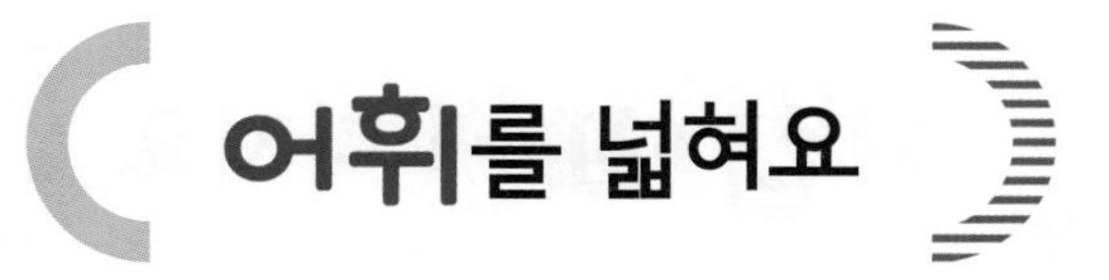

정답과 해설 12쪽

01 빈칸에 공통으로 들어갈 알맞은 어휘를 쓰시오.

- 그 가게의 번호는 전화번호부에 [ ][ ]되어 있다.
- 불국사와 석굴암은 유네스코 세계 문화유산에 [ ][ ]되어 있다.

02 밑줄 그은 어휘와 바꾸어 쓸 수 있는 말을 괄호 안에서 골라 ○표를 하시오.

1 고구려는 천리장성을 축조해서 국방이 튼튼해졌다.
↳ (쌓아서 만들어서 | 부수어 헐어서)

2 나는 기초 체력을 강화하기 위해 운동 시간을 더 늘리기로 했다.
↳ (약하게 하기 | 튼튼하게 하기)

03 밑줄 그은 어휘가 어떤 뜻으로 쓰였는지 알맞게 선으로 이으시오.

1 이 학교는 우수한 인재를 여럿 길러 냈다. •　　• ㉠ 사람에 의하여 일어난 재난

2 이번에 건물이 무너진 사고는 잘못된 공사로 빚어진 인재이다. •　　• ㉡ 사회적으로 크게 쓸모가 있는 훌륭한 사람

04 '조(造)' 자가 들어간 보기 의 어휘 중 빈칸에 알맞은 어휘를 골라 쓰시오.

보기
개조(고치다 改, 만들다 造)　　창조(처음 創, 만들다 造)

1 소설가는 소설에서 새로운 세계를 [ ]한다.

2 아버지는 창고를 방으로 [ ]해서 서재로 사용하신다.

어법+표현 다져요

05

보기를 보고, 문장에 알맞은 어휘를 괄호 안에서 골라 ○표를 하시오.

보기

싸이다 : ㉠ 물건이 보이지 않게 씌워져 가려지거나 둘려 말리다. 예 종이에 싸이다.
㉡ 다른 물체에 주위가 가려지거나 막히다. 예 숲에 싸이다.

쌓이다 : ㉠ 여러 개의 물건이 겹겹이 포개어 얹어 놓이다. 예 먼지가 쌓이다.
㉡ 물건이 차곡차곡 포개어 얹어져 구조물이 이루어지다. 예 성이 쌓이다.

1 집과 집 사이에 돌담이 (싸여 | 쌓여) 있다.

2 안개에 (싸인 | 쌓인) 마을이 흐릿하게 보인다.

3 소미가 예쁜 포장지에 (싸인 | 쌓인) 선물을 내밀었다.

4 자고 나니 지붕에 눈이 수북하게 (싸여 | 쌓여) 있었다.

06

보기를 보고, 밑줄 그은 어휘를 '-되다'의 쓰임에 맞게 바꾸어 쓰시오.

보기

'-되다'는 사람이나 사물이 다른 힘에 의해서 움직이게 된다는 뜻을 더하는 말이다.

석굴암을 세계 문화유산으로 등재하다.

➜ 석굴암이 세계 문화유산으로 등재되다.

1 은주를 반장으로 결정하다. ➜ 은주가 반장으로 [   ].

2 운동회를 예정대로 진행하다. ➜ 운동회가 예정대로 [   ].

3 벽돌을 건축 재료로 사용하다. ➜ 벽돌이 건축 재료로 [   ].

07

밑줄 그은 속담의 뜻으로 알맞은 것은? [✎   ]

주희: 요즘 발레 연습은 왜 안 나오니?
민지: 선생님께서 난 타고난 인재라고 하셨어. 연습 몇 번쯤 빠져도 괜찮아.
주희: "구슬이 서 말이라도 꿰어야 보배"라고 했어. 재능이 있으면 그것을 갈고닦아야 실력이 향상되지 않겠어?

① 무슨 일이나 그 일의 시작이 중요하다.
② 한 가지 일이라도 철저히 끝까지 해야 성공할 수 있다.
③ 아무리 익숙하고 잘하는 사람이라도 간혹 실수할 때가 있다.
④ 아무리 좋은 것이라도 쓸모 있게 만들어 놓아야 값어치가 있다.
⑤ 자기가 해낼 수 없는 일이라면 처음부터 욕심을 내지 않는 게 좋다.

정답과 해설 12쪽

08~10 다음 글을 읽고, 물음에 답하시오. 사회 역사

경기도 수원시에 있는 수원 화성은 1796년에 세워진 조선 시대의 성곽으로, 조선의 제22대 왕인 정조 때 축조된 것이다. 정조는 자신의 왕권을 강화하려면 정치적 반대 세력이 있는 한양(서울)을 떠나 새로운 정치 공간을 만들어야 한다고 생각했다. 이에 정조는 수원 화성을 계획적으로 건설하여 군사와 상업의 새로운 중심지로 삼고자 했다.

수원 화성 건설에는 김홍도, 채제공, 정약용 등 당시 최고의 인재들이 참여했다. 수원 화성은 일제 강점기와 육이오 전쟁을 거치면서 크게 훼손되었으나 『화성성역의궤』 덕분에 원래의 모습대로 복원할 수 있었다. 『화성성역의궤』는 일종의 공사 보고서로, 수원 화성 공사에 참여한 사람의 수, 공사 비용, 사용된 물품, 설계 등이 자세히 기록되어 있어 화성의 파괴된 부분을 복원할 때 큰 역할을 하였다. 현재 수원 화성은 뛰어난 과학적 특징과 아름다움을 인정받아 유네스코 세계 문화유산으로 등재되어 있다.

08 이 글의 핵심 내용을 파악하여 빈칸에 공통으로 들어갈 알맞은 말을 쓰시오.

{ ( )이 만들어진 배경과 ( )의 가치 }

09 이 글의 내용으로 알맞지 않은 것은? [ ]

① 수원 화성은 유네스코 세계 문화유산에 등재되어 있다.
② 수원 화성은 전쟁으로 크게 훼손되어 현재 남아 있지 않다.
③ 수원 화성 건설에는 김홍도, 채제공, 정약용 등이 참여했다.
④ 정조는 자신의 왕권을 강화하기 위해 수원 화성을 건설했다.
⑤ 정조는 수원 화성을 군사와 상업의 새로운 중심지로 삼으려고 했다.

10 『화성성역의궤』에 담겨 있는 기록이 아닌 것은? [ ]

① 수원 화성 공사의 설계
② 수원 화성 공사의 한계점
③ 수원 화성 공사에 든 비용
④ 수원 화성 공사에 사용된 물품
⑤ 수원 화성 공사에 참여한 사람의 수

국어 쓰기

08 베끼는 건 범죄야

인용

끌다 인 引
쓰다 용 用

남의 말이나 글을 자신의 말이나 글 속에 끌어 쓰다.

출처

나가다 출 出
곳 처 處

사물이나 말 따위가 생기거나 나온 근거

연예인 ○○○이 쓴 책이 글쎄, 다른 사람이 쓴 글을 전부 인용해서 쓴 거였대!
출처도 모르는 소문을 그렇게 과장해서 얘기하고 다니면 안 돼.
너는 무슨 권리로 그런 소문을 퍼뜨리는 거야?

권리

권한 권 權
이롭다 리 利

어떤 일을 행하거나 다른 사람에 대하여 당연히 요구할 수 있는 힘이나 자격

과장

자랑하다 과 誇
크게 떠벌이다 장 張

사실보다 지나치게 불려서 나타내다.

어휘를 넓혀요

정답과 해설 13쪽

01 빈칸에 들어갈 알맞은 어휘를 쓰시오.

1 우리 선생님은 말씀 중에 속담을 자주 [ ][ ]하신다.

2 인터넷에 있는 자료를 사용할 때에는 자료의 [ ][ ]를 밝혀야 한다.

02 빈칸에 공통으로 들어갈 알맞은 어휘를 쓰시오.

- 네가 본 것을 조금도 [ ][ ]하지 말고, 있는 사실대로 얘기해 보렴.
- 건오는 자신의 그림 실력을 실제보다 [ ][ ]해서 친구들에게 자랑했다.

03 밑줄 그은 어휘와 뜻이 비슷한 어휘로 알맞은 것은? [ ]

모든 사람은 교육을 받을 <u>권리</u>가 있다.

① 책임　② 자격　③ 의무
④ 방법　⑤ 과제

04 빈칸에 '나가다 출(出)' 자가 들어간 어휘를 쓰시오.

1 병실에 가족 외의 사람은 [출][ ]할 수 없습니다.
어느 곳을 드나들다.

2 소방관은 불구덩이를 헤치고 아이를 [ ][출]해 냈다.
위험한 상태에서 구하여 내다.

3 우리 기술로 만든 자동차가 전 세계로 [ ][출]되고 있다.
국내의 상품이나 기술을 외국으로 팔아 내보내다.

어법+표현 다져요

05 보기를 참고했을 때, 밑줄 그은 말이 알맞게 쓰이지 않은 것은? [✎]

보기

의	: 주로 앞의 말이 뒤의 말을 가지고 있는 관계임을 나타낸다. 예 나의 책
에	: 주로 앞의 말이 시간이나 장소를 나타내는 말임을 나타낸다. 예 학교에 가다.

① 남의 말을 함부로 옮기면 안 된다.
② 우리 부모님은 시골에 살고 계신다.
③ 이 옷은 내 것이 아니라 유진이의 것이다.
④ 나는 아픈 친구에 가방을 대신 들어 주었다.
⑤ 우리는 방과 후에 만나서 떡볶이를 먹으러 갔다.

06 밑줄 그은 부분에 들어갈 관용 표현으로 알맞은 것은? [✎]

민우: 진희야, 얼굴에 뭐가 묻었어. 칠칠하구나. 닦아야겠다.
진희: '칠칠하다'는 '깨끗하고 단정하다.'라는 뜻이야. 나를 칭찬하는 거였어?
민우: 알겠어. 얼굴에 뭐가 묻었으니 어서 닦아.
진희: "칠칠하지 못하구나."라고 했어야지. 넌 어휘 공부를 좀 더 해야겠다.
민우: ______________________ 말고, 어서 얼굴이나 닦으렴.

① 코를 빠뜨리다 ② 귀를 기울이다 ③ 콧방귀를 뀌다
④ 말꼬리를 잡다 ⑤ 혀끝에 놀아나다

07 다음 한자 성어를 활용한 문장으로 알맞은 것은? []

針	小	棒	大
바늘 침	작다 소	몽둥이 봉	크다 대

'침소봉대'는 바늘처럼 작은 것을 보고 몽둥이처럼 크다고 한다는 뜻으로, 작은 일을 크게 과장하여 허풍을 떠는 경우를 가리키는 말이다.

① 네가 지은 잘못을 어서 침소봉대하렴.
② 모두들 네가 돌아오기를 침소봉대하고 있어.
③ 이 은혜는 잊지 않고 있다가 반드시 침소봉대하겠습니다.
④ 민지는 대수롭지도 않은 일을 침소봉대하여 친구들에게 늘어놓았다.
⑤ 침소봉대라는 말이 있듯이, 부모님이 살아 계실 때 자식의 도리를 다해야 한다.

어휘로 교과서 읽어요

정답과 해설 13쪽

08~10 다음 글을 읽고, 물음에 답하시오. 국어 쓰기

'저작권'은 '저작자가 저작물에 대하여 가지는 권리'이다. 저작자는 '저작물을 창작한 사람'을 뜻하고, 저작물이란 '사람의 생각 또는 감정을 표현한 창작물'을 말한다. 저작물에는 글은 물론 음악, 춤, 그림, 영화 등이 포함된다.

최근에 다른 사람의 글이나 노래 등을 베껴서 논란이 되는 사건이 자주 일어나고 있다. 다른 사람의 물건을 훔치는 것이 범죄이듯, 저작물을 몰래 훔치는 것도 범죄이다. 저작권을 침해당하면 저작자는 경제적·정신적인 피해를 입을 것이고, 더 이상 창작 활동을 할 필요를 느끼지 못할 것이다. 따라서 저작권자의 권리를 지켜 주고, 문화 발전에 바탕이 되는 창작 활동을 북돋기 위해 저작권을 보호해야 한다. 그러기 위해서는 저작권자의 허락 없이 다른 사람의 저작물을 퍼뜨려서는 안 되며, 사용하고자 하는 자료가 있다면 인용한 부분의 출처와 저작권자의 이름을 정확히 밝혀야 한다. 또 저작권자의 허락 없이 저작물의 내용을 수정하거나 과장하면 안 된다.

08 이 글의 핵심 내용을 파악하여 빈칸에 공통으로 들어갈 알맞은 말을 쓰시오.

{ [ ]의 뜻과 [ ]을 보호하는 방법 }

09 이 글에서 알 수 있는 내용으로 알맞지 않은 것은? [✎]

① 저작자는 저작물을 창작한 사람을 뜻한다.
② 저작권은 저작물 중 글에만 적용되는 권리이다.
③ 저작물은 사람의 생각 또는 감정을 표현한 창작물이다.
④ 저작권은 저작자가 저작물에 대하여 가지는 권리를 말한다.
⑤ 저작권자의 권리를 지켜 주고 창작 활동을 북돋기 위해 저작권을 보호해야 한다.

10 저작권을 침해하지 않은 예를 골라 알맞은 기호를 쓰시오.

㉠ 인터넷에서 영화 파일을 구매하여 친구들에게 무료로 나누어 주었다.
㉡ 유명한 과학자의 연구 결과를 자신이 원하는 방향으로 수정해서 썼다.
㉢ 블로그 주인의 허락을 받고 블로그에 있는 사진을 개인적으로 간직했다.

[✎]

과학 에너지

09 엔진이 없는 롤러코스터

낙하

떨어지다 낙 落
아래 하 下

높은 데서 낮은 데로 떨어지다.

전환

바꾸다 전 轉
바꾸다 환 換

다른 방향이나 상태로 바꾸거나 바뀌다.

저것 봐! 민지가
비행 기구를 타고 낙하하고 있어.
우리 쪽으로 방향을 전환했네.
우리가 있는 지점까지
도달하려면 얼마나
걸릴까?

지점

땅 지 地
점 점 點

땅 위의 일정한 점

도달

이르다 도 到
이르다 달 達

목적한 곳이나 수준에 이르다.

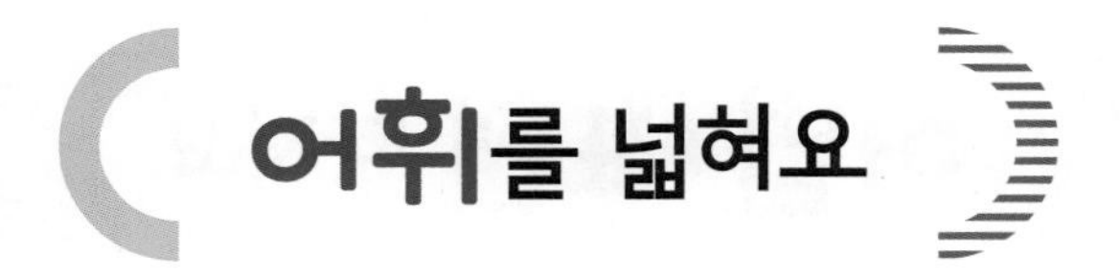

정답과 해설 14쪽

01 빈칸에 공통으로 들어갈 알맞은 어휘를 쓰시오.

• 우리 동네와 너희 동네의 중간 [ ][ ]에서 만나자.

• 우리나라 선수가 방금 결승 [ ][ ]을 통과했습니다.

02 밑줄 그은 어휘와 뜻이 비슷한 어휘를 괄호 안에서 골라 ○표를 하시오.

1 별똥별이 하늘에서 지상으로 낙하했다.
↳ (올라갔다 | 떨어졌다)

2 목적지에 도달하려면 아직 두 시간이나 남았다.
↳ (출발하려면 | 도착하려면)

03 다음 표에서 뜻이 비슷하거나 반대되는 어휘를 골라 ○표를 하시오.

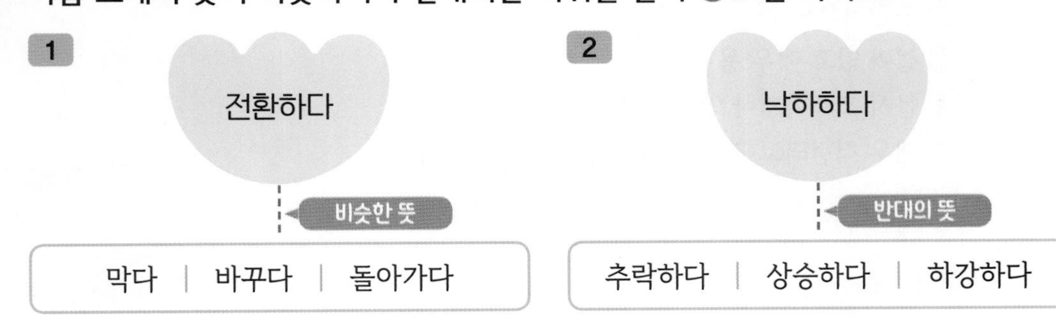

04 빈칸에 '바꾸다 환(換)' 자가 들어간 어휘를 쓰시오.

1 솔아는 지하철로 [환][ ]하기 위해 버스에서 내렸다.
다른 노선이나 교통수단으로 바꾸어 타다.

2 불량품은 언제든지 새 상품으로 [ ][환]해 드립니다.
서로 바꾸다.

어법+표현 다져요

05

[ ] 안에서 표기가 바른 것을 골라 ○표를 하시오.

1 계절이 [바껴서 / 바뀌어서] 겨울옷을 정리하고 봄옷을 꺼냈다.

2 요리사가 [바꼈는지 / 바뀌었는지] 이 식당의 음식 맛이 달라졌다.

3 민주는 세계 여러 곳을 여행하며 많은 친구들을 [사겼다 / 사귀었다].

4 태현이는 겉으로는 무뚝뚝해 보이지만, [사겨 / 사귀어] 보면 다정한 친구이다.

06

밑줄 그은 관용 표현의 뜻으로 알맞은 것은? [ ]

> 진수: 으악!
> 희진: 아이고, 간 떨어질 뻔했네. 갑자기 왜 소리를 지르니?
> 진수: 갑자기 눈앞에 벌레가 지나가서 그랬어. 미안해.

① 하는 행동이 실없다.
② 순간적으로 몹시 놀라다.
③ 겁이 없고 매우 용감하다.
④ 몹시 초조하거나 안타까워서 속이 상하다.
⑤ 매우 걱정되고 불안스러워 마음을 놓지 못하다.

07

밑줄 그은 내용과 뜻이 통하는 속담으로 알맞은 것은? [ ]

> 아버지: 자, 산 정상까지 가야 하니 지금 출발하자꾸나.
> 민우: 너무 멀어요. 산 정상까지 갈 수 있을까요?
> 아버지: 무슨 일이든 시작이 중요하단다. 지금 출발해서 부지런히 가면 점심 즈음에는 산 정상에 도달할 수 있을 거야. 가서 맛있는 도시락을 먹자.

① 한술 밥에 배부르랴
② 천 리 길도 한 걸음부터
③ 당장 먹기엔 곶감이 달다
④ 누울 자리 봐 가며 발을 뻗어라
⑤ 백 번 듣는 것이 한 번 보는 것만 못하다

정답과 해설 14쪽

08~10 다음 글을 읽고, 물음에 답하시오. 과학 에너지

우리 주변의 사물들은 모두 에너지를 가지고 있다. 그중 위치 에너지는 어떤 위치에 있는 물체가 가진 에너지를 말하며, 물체가 높은 곳에 있을수록 물체가 갖는 위치 에너지도 커진다. 운동 에너지는 움직이는 물체가 가지는 에너지를 말하며, 속력이 빠를수록 물체가 갖는 운동 에너지도 크다. 에너지는 그 형태가 변화하기도 하는데, 이것을 에너지 전환이라고 한다.

롤러코스터가 엔진 없이 움직이는 원리는 바로 이 에너지 전환에 있다. 먼저 전기의 힘으로 롤러코스터를 가장 높은 지점까지 끌어올린다. 가장 높은 곳에 도달한 롤러코스터는 위치 에너지를 최대로 갖는다. 롤러코스터가 낙하하면 위치 에너지가 운동 에너지로 전환되면서 속력이 빨라진다. 롤러코스터가 가장 낮은 지점으로 내려오면 운동 에너지는 최대로 커지므로 속력이 가장 빠르다. 가장 낮은 지점에서 높은 지점으로 올라갈 때에는 운동 에너지가 다시 위치 에너지로 바뀌면서 속력이 느려진다. 이렇게 위치 에너지와 운동 에너지가 서로 전환되면서 롤러코스터가 엔진 없이 움직일 수 있는 것이다.

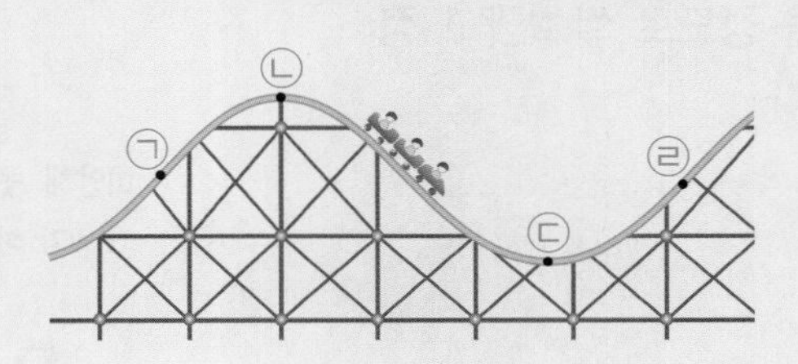

08 이 글의 핵심 내용을 파악하여 빈칸에 들어갈 알맞은 말을 쓸시오.

{ [   ]가 움직이는 원리인 에너지 [   ] }

09 에너지에 대한 설명으로 알맞지 않은 것은? [ ]

① 모든 물체는 에너지를 가지고 있다.
② 운동 에너지는 다른 형태로 변화하지 않는다.
③ 운동 에너지는 움직이는 물체가 가지는 에너지이다.
④ 위치 에너지는 어떤 위치에 있는 물체가 가지는 에너지이다.
⑤ 물체가 높은 위치에 있을수록 물체가 갖는 위치 에너지도 커진다.

10 그림의 ㉠~㉣ 중 롤러코스터가 갖는 위치 에너지가 최대인 지점의 기호를 쓰시오.

[ ]

10 착한 사마리아인의 법

사회 법

매정하다

얄미울 정도로 쌀쌀맞고 정이 없다.

처벌

처리하다	처 處
벌주다	벌 罰

벌을 주다. 또는 그 벌

미안해. 못 봤어.
고의가 아니야!

너도 방관하지 말고
내 말이 맞다고 해 줘.

매정하게 날 넘어뜨리다니.
선생님께 말씀드려서
처벌받게 할 거야!

꽈당

고의

일부러	고 故
뜻	의 意

일부러 하는 생각이나 태도

방관

곁	방 傍
보다	관 觀

어떤 일에 직접 나서지 않고 옆에서 바라보기만 하다.

어휘를 넓혀요

정답과 해설 15쪽

01 빈칸에 들어갈 알맞은 어휘를 쓰시오.

1 남의 물건을 훔친 사람은 [ ][ ]받아야 한다.

2 민지는 그 사건에 대해 침묵을 지키며 [ ][ ]하는 태도를 보였다.

02 밑줄 그은 어휘와 바꾸어 쓸 수 있는 말을 괄호 안에서 골라 ○표를 하시오.

이웃집 아이는 유리창을 깨뜨린 건 고의가 아니었다며 사과하였다.
↳ (일부러 | 실수로) 한 행동이

03 밑줄 그은 어휘와 뜻이 비슷한 어휘가 아닌 것은? [ ]

유진이는 도와 달라는 민서의 부탁을 매정하게 뿌리칠 수가 없었다.

① 차갑게 ② 냉정하게 ③ 다정하게
④ 쌀쌀맞게 ⑤ 싸늘하게

04 '관(觀)' 자가 들어간 보기 의 어휘 중 빈칸에 알맞은 어휘를 골라 쓰시오.

보기
관찰(보다 觀, 살피다 察) 관광(보다 觀, 풍경 光)

1 수지는 나팔꽃이 피어나는 과정을 매일 [ ]하고 있다.
사물이나 현상을 주의하여 자세히 살펴보다.

2 제주도는 아름다운 풍경을 자랑하는 우리나라의 [ ] 명소이다.
다른 지방이나 다른 나라에 가서 그곳의 풍경, 풍습, 문물 따위를 구경하다.

어법+표현 다져요

05 밑줄 그은 어휘 중 보기와 같이 '-기'를 떼어 나눌 수 없는 것은? [ ]

보기

민주는 넘어진 아이를 도와주지 않고 바라보기만 했다.

바라보기 = 바라보(다) + -기

① 넷이 흩어져서 찾아보기로 하자.
② 수지는 웃기만 할 뿐 아무 말이 없다.
③ 우리는 직접 도자기를 만들어 보았다.
④ 동생은 놀기만 하고 공부는 하지 않았다.
⑤ 새 운동화를 신고 달리기가 불편해 넘어졌다.

06 다음 상황에 어울리는 속담을 알맞게 선으로 이으시오.

1 박 사장은 불우한 이웃의 부탁을 매정하게 거절했다. •　　• ㉠ 미운 아이 떡 하나 더 준다

2 형은 자기 험담을 하고 다니는 친구를 따뜻하게 대했다. •　　• ㉡ 찔러도 피 한 방울 안 나겠다

07 밑줄 그은 부분에 들어갈 한자 성어의 뜻으로 알맞은 것은? [ ]

袖	手	傍	觀
소매 수	손 수	곁 방	보다 관

'수수방관'은 "강 건너 불구경"이라는 속담과 같은 뜻이다. 옷 소매에 손을 집어넣고 곁에서 바라보기만 한다는 말로, 즉 '______________'라는 뜻이다.

① 서로서로 돕다.
② 조심성 없이 가볍게 행동하다.
③ 세상에서 자기 혼자 잘났다고 뽐내다.
④ 어떤 일에 간섭하거나 거들지 않고 그대로 내버려 두다.
⑤ 겉으로는 같이 행동하면서도 속으로는 각각 딴생각을 하다.

정답과 해설 15쪽

08~10 다음 글을 읽고, 물음에 답하시오.

사회 법

어느 날 한 사람이 길을 가다가 강도를 만나 부상을 입고 길가에 버려졌다. 대부분의 사람은 죽어가는 그 사람을 돕지 않고 매정하게 지나갔지만, 한 사마리아인만은 그 사람을 구해 주었다. 이 이야기에서 '착한 사마리아인의 법'이 생겼다. 이 법은 자신이 위험해지지 않는데도 위험에 처한 사람을 고의로 돕지 않는 사람을 처벌하는 법이다.

'착한 사마리아인의 법'이 필요한지에 대한 입장은 나라마다 달라서 프랑스, 독일 등 몇몇 나라에서만 이 법을 적용하고 있다. 이 법이 필요하다고 보는 입장에서는 위험에 처한 사람을 돕는 일은 사람이라면 강제적으로라도 해야 하는 일이라고 말한다. 그래서 ㉠위험에 처한 사람을 돕지 않고 방관하는 행동은 법으로 처벌해야 한다는 것이다. 반면 이 법이 필요하지 않다고 보는 입장에서는 위험에 처한 사람을 돕지 않는 것은 도덕적으로 비난받을 행동이기는 하지만 법으로 처벌할 일은 아니라고 말한다. 강도는 처벌해야 마땅하지만 죽어가는 사람을 돕지 않은 사람까지 처벌하는 것은 지나치다는 것이다.

08 이 글의 핵심 내용을 파악하여 빈칸에 들어갈 알맞은 말을 쓰시오.

'착한 [ ]의 법'의 내용과 필요성에 대한 다른 입장

09 이 글에서 설명하는 법의 내용으로 알맞은 것은?

[ ]

① 다른 사람을 도우면 상을 주는 법
② 다른 사람 일에 참견하면 처벌하는 법
③ 다른 사람에게 상처를 입히면 처벌하는 법
④ 자신에게 피해를 주는 사람을 처벌하는 법
⑤ 위험에 처한 사람을 돕지 않으면 처벌하는 법

10 ㉠의 행동에 대해 다른 생각을 가진 사람을 쓰시오.

정아: 당연히 해야 할 일을 안 했으니, 법으로 처벌해야 한다고 생각해.
민지: 위험에 처한 사람을 돕는 일은 강제적으로라도 해야 하는 일이야.
진수: 도덕적으로 잘못된 행동이기는 하지만 법으로 처벌하는 것은 지나쳐.

[ ]

《 공부한 날짜 월 일 》

과학 물질

11 된장과 치즈의 비밀

달이다

액체 따위를 진하게 되도록 끓이다.

응고

엉기다	응 凝
굳다	고 固

액체 따위가 한 덩어리로 뭉쳐 딱딱하게 굳어지다.

부패

썩다	부 腐
썩다	패 敗

물질이 썩어 악취가 나거나 못 쓰게 되다.

분해

나누다	분 分
쪼개다	해 解

여러 부분이 결합되어 이루어진 것을 그 낱낱으로 나누다.

어휘를 넓혀요

정답과 해설 16쪽

01 빈칸에 공통으로 들어갈 알맞은 어휘를 쓰시오.

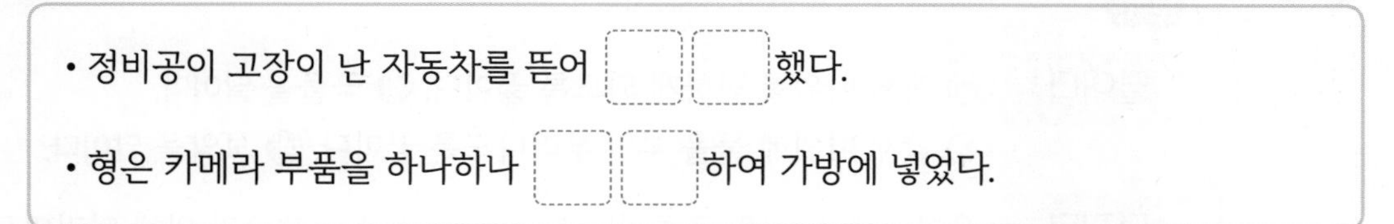

• 정비공이 고장이 난 자동차를 뜯어 [ ][ ]했다.
• 형은 카메라 부품을 하나하나 [ ][ ]하여 가방에 넣었다.

02 밑줄 그은 어휘의 뜻을 보기에서 골라 알맞은 기호를 쓰시오.

보기
㉠ 물질이 썩어 악취가 나거나 못 쓰게 되다.
㉡ 정치, 생각, 의식 따위가 올바른 길에서 벗어나 잘못된 길로 빠지다.

1 여름철에는 음식물의 부패가 빠르게 진행되어 식중독을 많이 일으킨다. [ ]

2 정치인들의 부패를 막기 위해서는 시민들이 정치에 관심을 가져야 한다. [ ]

03 다음 표에서 뜻이 비슷한 어휘를 골라 ○표를 하시오.

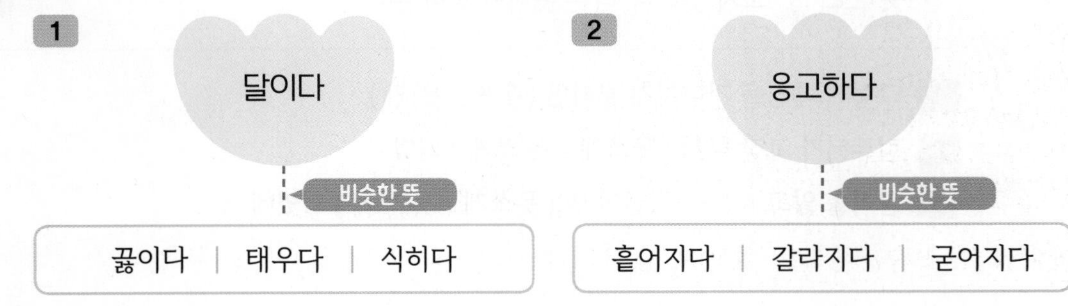

04 빈칸에 '나누다 분(分)' 자가 들어간 어휘를 쓰시오.

1 생물은 크게 동물, 식물, 미생물로 [분][ ]된다.

종류에 따라서 나누다.

2 이 글은 마지막 [ ][분]에 중요한 내용이 담겨 있다.

전체를 이루는 작은 범위 또는 전체를 몇 개로 나눈 것 가운데 하나

어법+표현 다져요

05 보기를 보고, [ ] 안에서 알맞은 어휘를 골라 ○표를 하시오.

보기

달이다 : ㉠ 액체 따위를 진하게 되도록 끓이다. 예 국물을 달이다.
㉡ 약재 따위에 물을 부어 우러나도록 끓이다. 예 보약을 달이다.

다리다 : 옷이나 천 따위의 주름이나 구김을 펴고 줄을 세우기 위해 다리미로 문지르다. 예 바지를 다리다.

1 아버지께서 구겨진 셔츠를 [달여 / 다려] 주셨다.

2 부엌에서는 엿을 [달이는 / 다리는] 달콤한 냄새가 났다.

3 엄마는 산에서 뜯어 온 약초를 정성껏 [달이셨다 / 다리셨다].

06 보기를 보고, 괄호 안에서 띄어쓰기가 바른 것을 골라 ○표를 하시오.

보기

못쓰다 : '얼굴이나 몸에 살이 빠지다.' 또는 '옳지 않다.'라는 뜻이면 붙여 쓴다.

못 쓰다 : '쓰지 못하다.'라는 뜻이면 띄어 쓴다.

1 그렇게 욕심을 지나치게 부리면 (못써 | 못 써).

2 컴퓨터가 고장 나서 (못쓰게 | 못 쓰게) 되었다.

3 감기를 앓고 나더니 얼굴이 영 (못쓰게 | 못 쓰게) 되었네.

07 밑줄 그은 부분에 들어갈 속담으로 알맞은 것은? [ ]

엄마: 희수야! 심부름 시킨 지가 언젠데 왜 아직도 집에 있니?
희수: 엄마, 죄송해요. 게임하느라 시간 가는 줄도 몰랐어요.
엄마: "________________"더니, 게임에 정신이 팔렸구나.

① 썩어도 준치
② 고인 물이 썩는다
③ 썩은 동아줄 같다
④ 신선놀음에 도낏자루 썩는 줄 모른다
⑤ 대들보 썩는 줄 모르고 기왓장 아끼는 격

정답과 해설 16쪽

08~10 다음 글을 읽고, 물음에 답하시오. 과학 물질

배추를 그대로 오래 두면 부패하여 먹을 수 없게 된다. 그런데 배추를 김치로 만들면 발효되어 오래 두고 먹을 수 있고 영양가 있는 먹거리가 된다. 여기서 부패와 발효의 차이를 알 수 있다. 부패와 발효는 모두 미생물에 의해 분해가 일어나는 과정이다. 그러나 부패는 사람에게 해로운 물질을 만들고, 발효는 이로운 물질을 만든다는 점에서 큰 차이가 있다.

발효하여 만든 식품은 우리 주변에서 쉽게 찾아볼 수 있다. 대표적으로 한국인이 즐겨 먹는 간장과 된장은 모두 콩을 발효한 식품이다. 콩을 삶아 만든 메주를 따뜻한 곳에 매달아 두면 메주에 곰팡이가 피고, 이 곰팡이와 세균 및 효모가 콩 단백질을 분해한다. 이렇게 발효된 메주에 소금물을 넣어 생긴 국물을 달이면 간장이 되고, 남은 건더기를 으깨면 된장이 된다. 영양분이 풍부한 요구르트와 치즈는 우유를 발효해 만든 식품이다. 요구르트는 우유에 젖산균을 넣어 발효한 것이고, 치즈는 발효된 우유에 레닛이라는 효소를 넣어 응고시킨 것이다. 발효 식품은 맛이 좋고 영양가도 높기 때문에 사람들에게 꾸준히 사랑받고 있다.

08 이 글의 핵심 내용을 파악하여 빈칸에 공통으로 들어갈 알맞은 말을 쓰시오.

{ 부패와 [　　　] 의 차이점과 [　　　] 식품의 예 }

09 이 글의 내용에 맞게 괄호 안에서 알맞은 말을 골라 ○표를 하시오.

부패는 사람에게 (이로운 | 해로운) 물질을 만들고, 발효는 (이로운 | 해로운) 물질을 만든다는 점에서 차이가 있다.

10 발효 식품에 대한 설명으로 알맞은 것은? [　　　]

① 요구르트는 콩을 발효하여 만든 식품이다.
② 발효가 일어나면 음식의 영양가가 낮아진다.
③ 메주 속의 젖산균이 콩 단백질을 분해하면 간장이 된다.
④ 발효된 우유에 레닛을 넣으면 우유가 굳어지면서 치즈가 된다.
⑤ 발효된 메주에 소금물을 넣어 생긴 국물을 달이면 된장이 된다.

국어 읽기

12 내용을 따지며 읽어요

편향

치우치다	편 偏
향하다	향 向

생각이나 태도가 한쪽으로 치우치다.

그르다

어떤 일이 이치에 맞지 않거나 옳지 못하다.

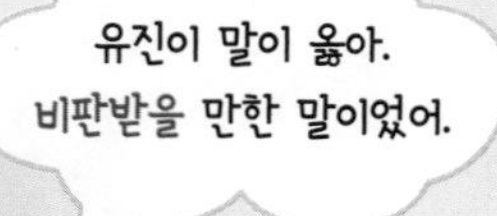

꿈이 소방관이라고? 소방관은 남자가 해야지.
굉장히 편향된 시각을 가졌구나. 성별에 따라 직업을 나누는 건 그른 선입견이야.
유진이 말이 옳아. 비판받을 만한 말이었어.

선입견

먼저	선 先
들다	입 入
보다	견 見

어떤 대상에 대하여 미리부터 가지고 있는 고정된 생각

비판

바로잡다	비 批
판단하다	판 判

행동이나 생각에 대해 자세히 따져서 옳고 그름을 밝히거나 잘못된 점을 지적하다.

어휘를 넓혀요

정답과 해설 17쪽

01 밑줄 그은 어휘의 뜻에 맞는 말을 괄호 안에서 골라 ○표를 하시오.

1 그 기자는 편향된 시각으로 기사를 썼다는 평가를 받았다.
→ 뜻 생각이나 태도가 (공평하고 올바르다 | 한쪽으로 치우치다).

2 이 그림을 제대로 이해하려면 아무런 선입견 없이 감상해 보는 것이 좋다.
→ 뜻 어떤 대상에 대하여 미리부터 가지고 있는 (소중한 | 고정된) 생각

02 빈칸에 공통으로 들어갈 알맞은 어휘를 쓰시오.

- 이 소설은 부패한 사회 현실을 [ ][ ]하는 내용을 담았다.
- 한 텔레비전 프로그램이 지나치게 자극적이라는 [ ][ ]을 받았다.

03 밑줄 그은 어휘가 어떤 뜻으로 쓰였는지 알맞게 선으로 이으시오.

1 실수를 되돌리기에는 이미 그른 것 같다. •

2 남의 생각을 그르다고 말할 때에는 신중해야 한다. •

• ㉠ 어떤 일이나 형편이 잘못되다.

• ㉡ 어떤 일이 이치에 맞지 않거나 옳지 못하다.

04 빈칸에 '치우치다 편(偏)' 자가 들어간 어휘를 쓰시오.

1 내 동생은 어머니가 나만 [편][ ]한다고 생각한다.
어느 한 사람이나 한쪽만을 치우치게 사랑하다.

2 피부색이 다른 친구에게 [편][ ]을 가져서는 안 된다.
공정하지 못하고 한쪽으로 치우친 생각

어법+표현 다져요

05 보기 를 보고, 괄호 안에서 띄어쓰기가 바른 것을 골라 ○표를 하시오.

보기

- 한쪽 : 하나의 편이나 방향을 나타낼 때는 붙여 쓴다.
- 한 쪽 : 책, 신문, 문서 따위의 면을 셀 때는 띄어 쓴다.

- 한번 : 시도, 기회, 강조의 뜻을 나타낼 때는 붙여 쓴다.
- 한 번 : 차례나 일의 횟수를 나타낼 때는 띄어 쓴다.

1
- 우리는 매일 (한쪽 | 한 쪽)씩 책을 읽기로 했다.
- 방 (한쪽 | 한 쪽)만 청소하지 말고 구석구석 청소하렴.

2
- 나중에 우리 집에 (한번 | 한 번) 놀러오세요.
- 우리 학교는 한 학기에 (한번 | 한 번)씩 소풍을 간다.

06 밑줄 그은 관용 표현의 뜻으로 알맞은 것은?

[✎]

- 사춘기인 오빠는 요즘에 늘 색안경을 쓰고 세상을 바라본다.
- 그는 곱슬머리인 사람을 보며 고집이 셀 것이라고 색안경을 쓰고 말했다.

① 몹시 화가 나서 눈을 부릅뜨다.
② 좋지 않은 주관이나 선입견을 가지다.
③ 보고 있던 것에서 다른 것으로 눈을 돌리다.
④ 거짓으로 꾸민 모습을 버리고 정체를 드러내다.
⑤ 보잘것없는 물건이라도 제 마음에 들면 좋게 보인다.

07 밑줄 그은 부분에 들어갈 속담으로 알맞은 것에 ✓표를 하시오.

국어 시간에 토론 수업이 끝나고, 친구들과 서로 평가하는 시간이 있었다. 그런데 한 친구가 내가 제시한 근거가 구체적이지 않았다고 비판했다. 집에 와서 엄마께 이 얘기를 했더니, 엄마는 "______________________"(이)라고 말씀하시며 비판의 말도 잘 새겨들을 필요가 있다고 하셨다.

☐ 아는 것이 병　　☐ 개똥도 약에 쓰려면 없다　　☐ 입에 쓴 약이 병에는 좋다

정답과 해설 17쪽

08~10 다음 글을 읽고, 물음에 답하시오. 국어 읽기

우리는 기사, 광고, 개인적인 이야기까지 수없이 많은 글을 읽고 많은 정보를 접하며 살고 있다. 그런데 우리가 글을 읽을 때 글에 담긴 정보가 옳은지 그른지 판단하며 읽지 않는다면 우리는 읽은 내용이 전부 진실인 줄 알고 잘못된 생각을 갖거나 잘못된 행동을 할 수 있다. 글쓴이가 글을 쓸 때 잘 모르는 내용을 사실인 것처럼 쓸 수도 있고, 선입견을 가지고 의도적으로 잘못된 내용을 담았을 수도 있기 때문이다.

따라서 글을 읽을 때에는 글의 내용을 무조건 받아들이지 말고 비판하며 읽어야 한다. 글을 비판하며 읽기 위해서는 우선 글의 내용이 사실인지 따져 보아야 한다. 즉, 글의 내용이 옳고 정확한지, 어느 한쪽으로 편향되지 않고 공정하게 다루어지고 있는지 살펴보아야 한다. 또한 글쓴이의 의견은 타당한지, 글쓴이의 의견을 뒷받침하는 근거는 정확하고 믿을 만한지 등을 판단하면서 글을 읽어야 한다.

08 이 글의 핵심 내용을 파악하여 빈칸에 들어갈 알맞은 말을 쓰시오.

{ 글을 [　　　　]하며 읽는 방법 }

09 글을 비판하며 읽어야 하는 까닭으로 알맞은 것은? [ ]

① 많은 양의 정보를 빠르게 읽기 위해서
② 잘못된 정보를 받아들이지 않기 위해서
③ 글의 내용을 구체적으로 상상하기 위해서
④ 한꺼번에 많은 양의 정보를 기억하기 위해서
⑤ 모르는 낱말의 뜻을 알아 가며 자세히 읽기 위해서

10 글을 비판하며 읽는 방법으로 알맞지 않은 것은? []

① 글의 내용이 사실인지 따져 보며 읽는다.
② 글쓴이의 의견이 타당한지 판단하며 읽는다.
③ 글에 제시된 정보를 무조건 신뢰하며 읽는다.
④ 글의 내용이 옳고 정확한지 살펴보며 읽는다.
⑤ 글의 내용이 공정하게 다루어졌는지 살펴보며 읽는다.

사회 역사

13 우리 땅, 독도

점령

차지하다	점 占
거느리다	령 領

일정한 지역이나 장소를 힘으로 빼앗아 차지하다.

바로잡다

그릇된 일을 바르게 만들거나 잘못된 것을 올바르게 고치다.

그들의 횡포를 바로잡기 위해 관리를 파견해야겠군.
도적들이 국경을 점령하고 횡포를 부리고 있습니다.
백성들의 어려움을 살피는 데 주력하겠습니다.

파견

보내다	파 派
보내다	견 遣

일정한 임무를 주어 사람을 보내다.

주력

붓다	주 注
힘	력 力

어떤 일에 모든 힘을 기울이다.

어휘를 넓혀요

정답과 해설 18쪽

01 밑줄 그은 어휘의 뜻에 맞는 말을 괄호 안에서 골라 ○표를 하시오.

1 장군은 이웃 나라를 점령할 계획을 세웠다.
→ 뜻 일정한 지역이나 장소를 (힘으로 빼앗아 | 상대와 의견을 맞춰) 차지하다.

2 일본은 고구려, 백제, 신라에 많은 유학생을 파견했다.
→ 뜻 일정한 임무를 주어 사람을 (보내다 | 붙잡다).

02 밑줄 그은 어휘와 뜻이 비슷한 어휘를 골라 ✓표를 하시오.

나는 요즘 피아노 연습에 주력하고 있다.

☐ 애먹고 ☐ 힘쓰고 ☐ 손대고 ☐ 앞서고

03 밑줄 그은 어휘가 어떤 뜻으로 쓰였는지 알맞게 선으로 이으시오.

1 동생은 의자에 앉아 자세를 바로잡았다. • • ㉠ 잘못된 것을 올바르게 고치다.

2 어머니께서는 아이의 나쁜 버릇을 바로잡기 위해 노력하셨다. • • ㉡ 굽거나 비뚤어진 것을 곧게 하다.

04 빈칸에 '붓다 주(注)' 자가 들어간 어휘를 쓰시오.

1 간호사가 누워 있는 환자에게 [주][ ]를 놓았다.
주사기를 통해 사람이나 동물의 몸에 약물을 직접 넣다.

2 어제 잠을 설쳤더니 수업 내용에 [주][ ]를 기울이기가 힘들다.
어떤 상태나 일에 관심을 집중하다.

어법+표현 다져요

05 다음 문장에서 밑줄 그은 어휘를 바르게 고쳐 쓰시오.

1 작가가 정성을 기우려 그린 작품이 드디어 빛을 보게 되었다.

↳

2 동생은 내가 과자를 빼았아 먹을까 봐 서둘러 허겁지겁 삼켰다.

↳

3 충치를 예방하려면 평소에 양치질을 옳바르게 하는 것이 중요하다.

↳

06 밑줄 그은 내용과 뜻이 통하는 관용 표현으로 알맞은 것은? [ ]

형은 몇 달을 온갖 힘과 정성을 쏟아 노력하여 공부를 한 결과 시험에 합격했다.

① 진땀을 빼다
② 피를 말리다
③ 땀을 들이다
④ 피땀을 흘리다
⑤ 때 빼고 광내다

07 밑줄 그은 부분에 들어갈 속담으로 알맞은 것에 ✓표를 하시오.

유진: 공부를 좀 더 열심히 할걸. 시험 점수가 안 좋게 나왔어.
지후: 이미 "____________________"인 것을 어떡하겠니. 다음에 잘 보면 돼.

☐ 쏟아진 물
한번 저지른 일을 다시 고치거나 바로잡을 수 없다.

☐ 물 밖에 난 고기
제 능력을 발휘할 수 없는 처지에 몰리다.

☐ 제 논에 물 대기
자기에게만 이롭도록 일을 하다.

정답과 해설 18쪽

08~10 다음 글을 읽고, 물음에 답하시오.

사회 역사

독도는 우리나라 동쪽 끝에 있는 섬으로, 울릉도에서 동남쪽으로 87.4킬로미터 떨어진 곳에 있다. 독도가 있어 우리나라는 독도 주변 바다에 *영해권을 주장할 수 있기 때문에 독도는 영역적인 가치가 높다. 또한 독도와 주변 바다에 다양한 동식물이 살고 있어 생태적인 가치가 높고, 천연가스와 같은 지하자원이 묻혀 있어 경제적인 가치도 높다.

독도가 오래전부터 우리의 영토였다는 것은 역사 기록에서 살펴볼 수 있다. 삼국 시대 때는 신라의 이사부 장군이 울릉도와 독도를 점령했다는 기록이 있고, 조선 숙종 때는 어부였던 안용복이 울릉도와 독도가 우리나라 땅임을 확인하는 문서를 일본으로부터 받았다는 기록이 있다. 우리의 소중한 영토인 독도를 지키기 위해 현재 정부는 독도에 등대를 설치하고, 독도 경비대를 두고 있다. 독도에 파견된 독도 경비 대원들은 다른 나라로부터 독도를 지키는 일에 주력하고 있다. 또 여러 민간단체들은 독도에 대해 잘못 소개한 자료나 정보를 찾아 바로잡는 활동을 하며 독도를 지키기 위한 노력을 하고 있다.

* **영해권**: 자기 나라의 바다에 대하여 주장할 수 있는 권리

08 이 글의 핵심 내용을 파악하여 빈칸에 공통으로 들어갈 알맞은 말을 쓰시오.

{ [   ]의 가치와 역사, [   ]를 지키기 위한 노력 }

09 이 글의 내용과 일치하지 않는 것은? [ ]

① 독도는 경제적인 가치가 높다.
② 독도는 오래전부터 우리의 영토였다.
③ 독도와 주변 바다에는 다양한 동식물이 살고 있다.
④ 일본은 역사적으로 독도가 우리나라 영토임을 인정한 적이 없다.
⑤ 독도가 있어 우리나라는 독도 주변 바다에 영해권을 주장할 수 있다.

10 독도를 지키기 위한 민간단체의 노력으로 알맞은 것은? [ ]

① 독도에 초등학교를 세웠다.
② 독도에 군대가 머무르게 하고 있다.
③ 독도에 외국인이 출입하지 못하게 하고 있다.
④ 독도 주변에 우리나라 배도 지나다니지 못하게 하고 있다.
⑤ 독도에 대해 잘못 소개한 자료나 정보를 찾아 바로잡고 있다.

과학 기술

14 찍으면 정보가 쏟아져요

간편하다

간단하다	간 簡
편하다	편 便

간단하고 편리하다.

응답

따르다	응 應
답하다	답 答

부름이나 물음에 대해 답하다.

안녕! 간편한 차림으로 왔네. 연꽃 축제 보러 가자는 말에 즉시 응답해 줘서 고마워.
응, 연꽃 축제 홍보를 보고 나도 가고 싶었거든. 연꽃은 신비롭고, 옛 건축에서도 문양으로 많이 쓰여서 관심 있었어.

홍보

넓다	홍 弘
알리다	보 報

널리 알리다. 또는 그 소식

문양

무늬	문 文
모양	양 樣

옷이나 조각 따위에 장식으로 나타난 모양

어휘를 넓혀요

정답과 해설 19쪽

01 빈칸에 들어갈 알맞은 어휘를 쓰시오.

1 이 탁자는 누구나 ☐☐하게 조립할 수 있다.

2 영화 개봉을 앞두고 주연 배우가 영화를 알리려고 ☐☐에 나섰다.

02 다음 표에서 뜻이 비슷하거나 반대되는 어휘를 골라 ○표를 하시오.

1 문양

비슷한 뜻

글씨 | 무늬 | 색깔

2 간편하다

반대의 뜻

편하다 | 복잡하다 | 거침없다

03 밑줄 그은 어휘와 뜻이 비슷한 어휘를 골라 ✓표를 하시오.

큰 소리로 외쳤지만 아무도 내 말에 <u>응답하지</u> 않았다.

☐ 묻지 ☐ 대답하지 ☐ 질문하지 ☐ 질의하지

04 빈칸에 '답하다 답(答)' 자가 들어간 어휘를 쓰시오.

1 강연이 끝나고 강연자와 청중 사이에 ☐답이 오고 갔다.

물음과 대답 또는 서로 묻고 대답하다.

2 전학 간 친구에게 편지를 보냈는데 답☐이 오지 않아 답답하다.

질문이나 편지에 대한 답으로 보내는 편지

어법+표현 다져요

05 보기를 참고했을 때, 밑줄 그은 어휘가 사동 표현이 아닌 것은? [ ]

보기

알- + -리- + -다 → 알리다

일부 동사에 '-리-'가 붙으면 남에게 어떤 행동이나 동작을 시킨다는 뜻을 나타내는 사동 표현이 된다.

예 사람들이 소식을 알다.(사람들이 소식을 스스로 알다.)

→ 사동 사람들에게 소식을 알리다.(사람들이 소식을 알게 하다.)

① 계산이 틀리다.
② 공부 시간을 30분 늘리다.
③ 죽어 가는 사람을 살리다.
④ 종이비행기를 접어 날리다.
⑤ 연필을 손에 들고 팽그르르 돌리다.

06 표기가 바른 어휘를 괄호 안에서 골라 ○표를 하시오.

1 책을 읽으며 친구가 올 때까지 (느긋이 | 느긋히) 기다렸다.

2 이 운동 기구만 있으면 집에서도 (간편이 | 간편히) 운동할 수 있다.

3 한겨울의 대관령은 눈도 많이 내리고 춥기도 (무던이 | 무던히) 추웠다.

07 밑줄 그은 상황에서 사용할 수 있는 한자 성어로 알맞은 것은? [ ]

엄마: 지우 어디 갔니?

누나: 아빠 심부름 갔어요. 언제 오는지 문자를 보내도 응답이 없고, 올 시간이 한참 지났는데도 오지 않네요.

① 일문일답(一問一答)
② 자문자답(自問自答)
③ 질의응답(質疑應答)
④ 우문현답(愚問賢答)
⑤ 묵묵부답(默默不答)

정답과 해설 19쪽

08~10 다음 글을 읽고, 물음에 답하시오. 과학 기술

왼쪽 그림과 같은 정사각형 문양을 '큐아르 코드'라고 한다. '큐아르(QR)'는 'Quick Response'의 약자로 '빠른 응답'을 얻을 수 있다는 뜻이다.

큐아르 코드가 나오기 전까지는 막대 모양의 바코드를 많이 사용했다. 바코드는 가로에 20자 정도의 숫자 정보만 저장할 수 있어서 상품 가격이나 제조 회사 같은 것만 기록할 수 있었다. 하지만 큐아르 코드는 가로, 세로를 활용하여 숫자는 최대 7,089자, 문자는 최대 4,296자까지 저장할 수 있어서 긴 인터넷 주소, 사진이나 동영상, 지도 등의 많은 정보를 담을 수 있다. 큐아르 코드는 전용 단말기가 필요한 바코드와는 다르게 스마트폰만 있으면 코드를 찍어 간편하게 정보를 확인할 수 있다. 또한 개발사에서 *특허권을 행사하지 않아 누구라도 쉽게 제작하고 사용할 수 있다. 최근에는 큐아르 코드가 기업의 중요한 홍보 수단으로 이용되면서 온라인과 오프라인을 넘나들며 활발하게 쓰이고 있다.

* **특허권**(특별하다 特, 허락하다 許, 권세 權): 발명한 물건이나 기술에 대해 독점적으로 가지는 권리

08 이 글의 핵심 내용을 파악하여 빈칸에 들어갈 알맞은 말을 쓰시오.

{ ( ) 코드의 뜻과 특징 }

09 큐아르 코드에 대한 설명으로 알맞지 않은 것은? [ ]

① 정보를 담고 있는 정사각형 문양이다.
② 기업에서 홍보 수단으로 이용하고 있다.
③ 온라인과 오프라인을 넘나들며 활발하게 쓰이고 있다.
④ 개발사의 허락만 받으면 누구라도 제작하고 사용할 수 있다.
⑤ 스마트폰만 있으면 코드를 찍어 간편하게 정보를 확인할 수 있다.

10 이 글에서 알 수 있는 내용으로 알맞은 것은? [ ]

① 바코드가 만들어진 과정
② 큐아르 코드를 사용할 때 불편한 점
③ 큐아르 코드 이후에 새롭게 나온 정보 기호
④ 바코드와 큐아르 코드가 저장할 수 있는 정보의 양
⑤ 바코드의 정보를 확인할 때 사용하는 단말기의 종류

수학 수

15 분수는 언제부터 썼을까

급료

주다	급 給
값	료 料

월급이나 일급 등 일한 대가로 주거나 받는 돈

분배

나누다	분 分
나누다	배 配

몫에 따라 나누다.

내 것보다 네 봉투가
더 두툼한 것을 직관으로
알겠는 걸.

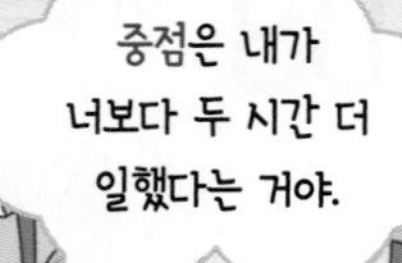

중점은 내가
너보다 두 시간 더
일했다는 거야.

오늘 하루
일한 급료를 분배해
드릴게요.

직관

곧다	직 直
보다	관 觀

깊이 생각하는 과정을 거치지 않고 대상을 곧바로 느껴서 깨닫다.

중점

중요하다	중 重
점	점 點

가장 중요하게 여겨야 할 점

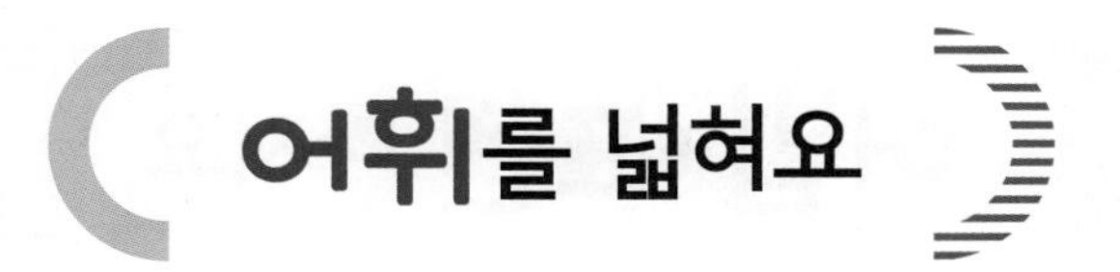

정답과 해설 20쪽

01 빈칸에 공통으로 들어갈 알맞은 어휘를 쓰시오.

- 언니는 오늘 직장에서 첫 [ ][ ]를 받았다.
- 노동자들은 [ ][ ]를 올려 달라고 직장에 요구했다.

02 밑줄 그은 어휘의 뜻에 맞는 말을 괄호 안에서 골라 ○표를 하시오.

이 스마트폰은 사용 방법이 단순하여 어린이들도 <u>직관</u>으로 쉽게 작동할 수 있다.
→ 뜻 대상을 (곧바로 느껴서 깨닫다 | 깊이 생각하고 연구하다).

03 다음 표에서 뜻이 비슷한 어휘를 골라 ○표를 하시오.

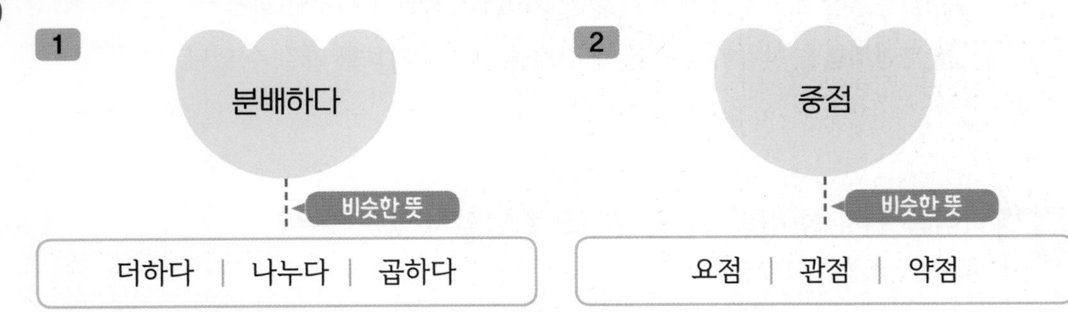

04 '직(直)' 자가 들어간 보기 의 어휘 중 빈칸에 알맞은 어휘를 골라 쓰시오.

보기
정직(바르다 正, 곧다 直)　　직진(곧다 直, 나아가다 進)

1 도서관은 이곳에서 [ ]하여 50미터만 걸어가면 있다.

2 소희는 자신이 화분을 깨뜨렸다고 선생님께 [ ]하게 말했다.

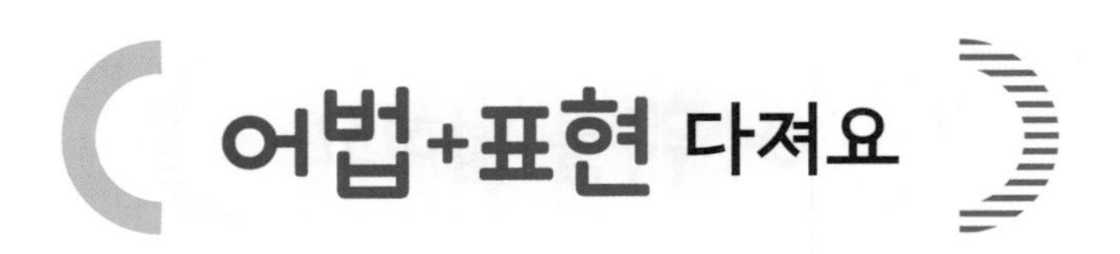

05 [ ] 안에서 표기가 바른 것을 골라 ○표를 하시오.

1 큰길을 따라 한참을 [걷다 / 걸다].

2 찬바람을 쐬며 [걷으니 / 걸으니] 콧물이 나왔다.

3 바람이 차가워 새삼 겨울이 왔음을 [깨닫다 / 깨달다].

4 나는 우산을 가게에 놓고 온 것을 [깨닫아서 / 깨달아서] 다시 가게로 갔다.

06 밑줄 그은 어휘의 '-료'가 보기 의 뜻으로 쓰이지 않은 것은? [ ]

보기

-료(料) : '요금'의 뜻을 더하는 말

① 그 전시회의 관람료는 자선 단체에 기부된다.
② 시민 기자단에게는 소정의 원고료가 지급될 예정이다.
③ 우리 아버지께서는 요리를 할 때 되도록 조미료를 적게 쓰신다.
④ 하루종일 주차장에 차를 세워 두었더니 주차료가 많이 나왔다.
⑤ 가전제품을 사용하지 않을 때 전원을 끄면 전기료를 아낄 수 있다.

07 다음 한자 성어를 활용한 문장으로 알맞지 않은 것은? [ ]

畫	龍	點	睛
그리다 **화**	용 **룡**	점찍다 **점**	눈동자 **정**

'화룡점정'은 용을 그리고 난 후에 마지막으로 눈동자를 그려 넣었더니 그 용이 실제 용이 되어 구름을 타고 하늘로 날아 올라갔다는 이야기에서 유래된 말이다. 즉, 가장 중점이 되는 부분을 마무리함으로써 일을 완벽하게 끝낸다는 뜻이다.

① 이어달리기야말로 운동회의 화룡점정이다.
② 이 축제의 화룡점정은 화려한 불꽃놀이이다.
③ 라면에는 역시 달걀을 넣어야 화룡점정이다.
④ 이 글의 마지막 문장은 전체 내용과 관계없는 화룡점정이다.
⑤ 그는 올해의 선수상까지 받으며 선수 생활에서 화룡점정을 이루었다.

정답과 해설 20쪽

08~10 다음 글을 읽고, 물음에 답하시오. 수학 수

분수는 언제부터 사용되었을까? 고대 이집트 기록인『아메스파피루스』에서 기원전 1600년 무렵에 분수가 쓰인 것을 확인할 수 있다. 고대 이집트에서는 노동자들에게 빵을 급료로 주었는데, 빵을 여러 사람에게 똑같이 나누어 주려고 할 때 문제가 생겼다. 직관에 따라 빵을 대강 나누면 모두에게 똑같은 양의 빵이 분배되지 않는 것이었다. 그래서 고대 이집트에서는 정확하게 빵을 나누는 것에 중점을 두고 분수를 사용하기 시작했다.

오늘날에는 빵 2개를 5명이 똑같이 나누어 가질 때 한 사람이 갖는 양을 $\frac{2}{5}$로 나타낼 수 있다. 그러나 고대 이집트에서는 분자가 1인 단위분수만을 사용했기 때문에 $\frac{2}{5}$를 단위분수의 합으로 나타냈다. 먼저 빵 2개를 각각 3조각으로 나누어 6조각으로 만든 다음, 5명이 1조각씩 갖는다. 그리고 남은 1조각을 다시 5조각으로 나누어서 1조각씩 갖는데 이때의 1조각은 빵 1개 중에서 $\frac{1}{15}$조각이 된다. 이와 같이 고대 이집트에서는 $\frac{2}{5}$를 단위분수를 사용하여 $\frac{1}{3}+\frac{1}{15}$로 표현했다.

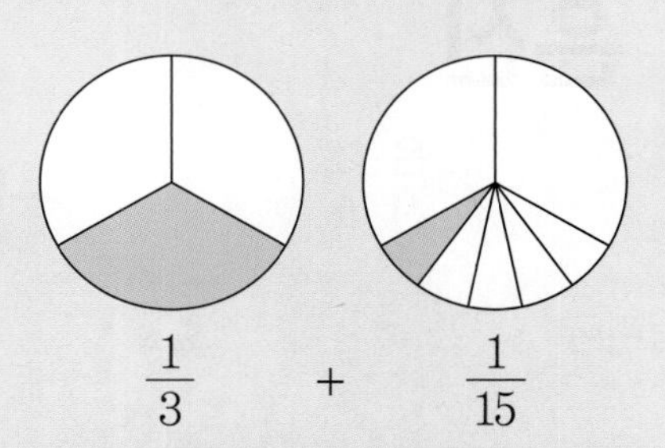

▲ 빵 2개를 5명에게 나눌 때 한 사람이 갖는 빵의 양

08 이 글의 핵심 내용을 파악하여 빈칸에 들어갈 알맞은 말을 쓰시오.

고대 (   )에서 사용하기 시작한 분수

09 고대 이집트에서 분수를 사용한 까닭으로 알맞은 것은? [ ]

① 물건을 똑같이 나누기 위해서
② 몇몇 사람만 물건을 가질 수 있어서
③『아메스파피루스』에 기록하기 위해서
④ 몇몇 사람에게 물건을 몰아주기 위해서
⑤ 급료를 받는 사람과 안 받는 사람이 나뉘어서

10 다음에서 설명하는 것은 무엇인지 찾아 쓰시오.

분자가 1인 분수로 고대 이집트에서는 이 분수만 사용했다.

[ ]

국어 문학

16 안네가 쓴 일기

은신

숨다	은 隱
몸	신 身

몸을 숨기다.

개인

하나	개 個
사람	인 人

국가나 사회, 단체를 구성하는 한 사람 한 사람

너 왜 나무 뒤에서 은신하고 있니? 뭐 잘못했어?
그냥 반성문을 서술하고 용서받는 게 어때?
나 개인의 문제이긴 한데……, 교장 선생님 화분을 깼어. 들키면 안 되는 절박한 상황이야.

절박하다

간절하다	절 切
다급하다	박 迫

어떤 일이나 때가 가까이 닥쳐서 몹시 급하다.

서술

차례	서 敍
펴다	술 述

사건이나 생각 따위를 차례대로 말하거나 적다.

어휘를 넓혀요

정답과 해설 21쪽

01 밑줄 그은 내용과 바꾸어 쓸 수 있는 어휘를 빈칸에 쓰시오.

1 도둑이 경찰을 피해 건물 뒤로 몸을 숨겼다.

↳ □□했다

2 기행문은 여행하면서 보고 듣고 느낀 것을 차례대로 적은 글이다.

↳ □□한

02 빈칸에 공통으로 들어갈 알맞은 어휘를 쓰시오.

- 단체 여행을 할 때에는 되도록 □□ 행동은 삼가 주세요.
- 이 의견은 저희 반 전체의 의견이 아니고, 저의 □□ 의견입니다.

03 밑줄 그은 어휘와 뜻이 비슷한 어휘로 알맞은 것은? [ ]

모른 체하기에는 그 사람의 처지가 너무나 절박해 보였다.

① 급해 ② 느긋해 ③ 무사해
④ 신중해 ⑤ 편안해

04 뜻과 예문을 보고, 빈칸에 들어갈 알맞은 글자를 쓰시오.

1 개 (하나 個) + □

- 뜻 다른 것과 구별되는 고유의 특성
- 예문 그 소설가의 작품은 ______ 이 뚜렷하다.

2 인 (사람 人) + □

- 뜻 사람이 사람으로서 가지는 타고난 성품이나 됨됨이
- 예문 그 분은 ______ 이 훌륭하여 사람들의 존경을 받는다.

어법+표현 다져요

05 보기를 보고, 괄호 안에서 띄어쓰기가 바른 것을 골라 ○표를 하시오.

보기

'대로'는 '-는, -을, -던' 등의 말 뒤에서는 띄어 쓰고, 사람이나 사물의 이름을 나타내는 말 뒤에서는 붙여 쓴다.

아는 대로 말해 줘. | 네 생각대로 해 보자.

1 언제든 괜찮으니 너 (좋을대로 | 좋을 대로) 해라.

2 밥을 먹을 사람은 (차례대로 | 차례 대로) 줄을 서라.

3 모두가 (예상했던대로 | 예상했던 대로) 수지가 반장이 되었다.

4 상황이 아무리 어렵더라도 나는 (계획대로 | 계획 대로) 일을 진행할 것이다.

06 밑줄 그은 부분에 들어갈 속담으로 알맞은 것은? [ ]

아림: 내일 숙제도 있고, 쪽지 시험도 보고, 발표도 해야 하는데 하나도 준비를 못 했어. 어쩌지?

승혜: "________________"(이)라고 했어. 하나씩 집중해서 차근차근 해 보자.

① 갈수록 태산
② 등잔 밑이 어둡다
③ 금강산도 식후경
④ 급할수록 돌아가랬다
⑤ 윗물이 맑아야 아랫물이 맑다

07 밑줄 그은 부분에 공통으로 들어갈 한자 성어로 알맞은 것에 ✓표를 하시오.

• 심각한 환경 파괴로 지구의 운명이 ________________ 와/과 같다.
• 오랜 가뭄으로 인해 마을 전체가 ________________ 의 위기에 놓였다.

☐ 적반하장(賊反荷杖)
잘못한 사람이 아무 잘못이 없는 사람을 나무라다.

☐ 풍전등화(風前燈火)
사물이 매우 위태롭고 절박한 처지에 놓여 있다.

☐ 유유자적(悠悠自適)
세상의 복잡한 일에 매이지 않고 조용하고 편안하게 살다.

어휘로 교과서 읽어요

정답과 해설 21쪽

08~10 다음 글을 읽고, 물음에 답하시오.

국어 문학

1942년 6월 12일은 네덜란드의 소녀 안네의 생일이자 안네가 일기를 쓰기 시작한 날이다. 평소에도 글쓰기를 좋아했던 안네는 열세 살 생일 선물로 받은 일기장을 '키티'라고 부르며 마치 친구에게 말을 건네듯이 일기를 썼다. 당시는 독일의 나치가 일으킨 제2차 세계 대전 중이었다. 독일의 나치는 네덜란드를 점령하고 네덜란드에 살고 있는 유대인들을 찾아내어 강제로 수용소로 끌고 갔다. 이를 피하기 위해 유대인인 안네와 가족들은 은신하며 숨죽여 지내야 했다.

안네는 일기에 은신처 생활을 하며 느낀 답답하고 절박한 마음과 자신이 바라본 시대 상황, 사춘기 소녀인 개인의 감정 등을 진솔하게 서술했다. 안타깝게도 안네는 결국 나치에게 붙잡혀 수용소에서 짧은 삶을 마쳤으나, 안네의 일기는 전쟁이 끝난 후에 안네의 아버지에 의해 출판되었다. 그리고 현재 전 세계 사람들에게 읽히며 전쟁의 공포와 나치의 잔인함을 기억하게 하는 유산이 되었다.

08
이 글의 핵심 내용을 파악하여 빈칸에 공통으로 들어갈 알맞은 말을 쓰시오.

{ 안네가 [ ]를 쓴 배경과 [ ]에 담긴 내용 }

09
안네가 일기를 썼던 당시의 시대 상황으로 알맞은 것은?

① 유대인들이 전쟁을 일으켜 많은 사람이 죽었다.
② 네덜란드가 독일을 점령하고 독일인들을 탄압했다.
③ 전쟁이 일어나 유대인들이 독일의 나치를 피해 숨어 지냈다.
④ 전쟁이 끝난 시기로 네덜란드의 모든 마을이 폐허가 되었다.
⑤ 독일과 네덜란드가 서로 협력하여 다른 나라와 전쟁을 일으켰다.

10
이 글의 내용과 일치하는 것은?

① 안네의 일기장은 전쟁 속에서 사라졌다.
② 안네는 스스로에게 말하듯이 일기를 썼다.
③ 안네는 스스로 자신의 일기를 책으로 출판하여 세상에 알렸다.
④ 안네는 열 살 생일 선물로 받은 일기장에 일기를 쓰기 시작했다.
⑤ 안네는 일기에 사춘기 소녀인 자신의 감정을 진솔하게 서술했다.

사회 역사

17 초등학교는 언제 생겼을까

잔재

남다	잔 殘
찌꺼기	재 滓

과거의 낡은 생각이나 태도, 생활하는 방식이 찌꺼기처럼 남아 있는 것

청산

깨끗하다	청 淸
세다	산 算

과거의 부정적인 부분을 깨끗이 씻어 버리다.

과거의 나쁜 잔재를 모두 청산하고 이제 아이들을 위한 학교를 설립해야겠다!

형님! 멋있으십니다! 이 사실을 모두에게 공포하겠습니다.

설립

세우다	설 設
세우다	립 立

기관이나 단체 따위를 새로 만들어 세우다.

공포

널리	공 公
퍼뜨리다	포 布

사회의 모든 사람에게 널리 알리다.

어휘를 넓혀요

정답과 해설 22쪽

01 빈칸에 들어갈 알맞은 어휘를 쓰시오.

1 어머니께서는 고향에 농업 학교를 ☐☐하여 학생들을 가르치셨다.

2 아직도 우리 사회에는 일제 강점기의 ☐☐가 남아 있는 부분이 있다.

02 밑줄 그은 어휘와 뜻이 비슷한 어휘로 알맞은 것은? [✎]

그는 평생 동안 모은 재산으로 자동차 회사를 설립했다.

① 쌓았다 ② 세웠다 ③ 방문했다
④ 보살폈다 ⑤ 무너뜨렸다

03 밑줄 그은 어휘가 어떤 뜻으로 쓰였는지 알맞게 선으로 이으시오.

1 은행에서 빌린 돈을 모두 다 청산했다. •　　• ㉠ 과거의 부정적인 부분을 깨끗이 씻어 버리다.

2 낡은 가치관은 과감하게 청산할 필요가 있다. •　　• ㉡ 서로 간에 돈을 줄 의무와 받을 권리에 대한 관계를 깨끗이 해결하다.

04 밑줄 그은 '공포'가 보기와 같은 뜻으로 쓰인 문장에 ✓표를 하시오.

보기
교육부에서 올해 수능 시험 날짜를 공포했다.

① ☐ 아이들은 귀신이 나타난다는 이야기를 듣고 공포에 사로잡혔다.
② ☐ 정부는 새 법률을 이번 주에 공포하고 다음 달부터 시행하기로 했다.

어법+표현 다져요

05 빈칸에 들어갈 꾸며 주는 말을 보기에서 골라 쓰시오.

보기

널리	흔히	아무리
게다가	감쪽같이	악착같이

1 새 법을 모든 사람에게 [ ] 알리다.
넓은 범위에 걸쳐서

2 서랍 속에 숨겨 둔 과자가 [ ] 사라졌다.
아무 흔적이 없이

3 날씨도 추운데 [ ] 비까지 내려서 감기에 걸렸다.
그런 데다가

06 보기를 보고, 빈칸에 들어갈 알맞은 어휘를 쓰시오.

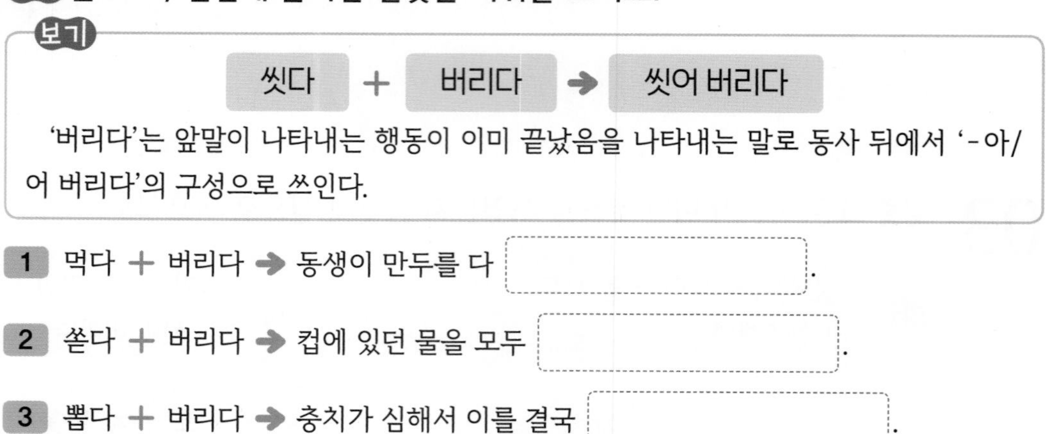

보기

씻다 + 버리다 → 씻어 버리다

'버리다'는 앞말이 나타내는 행동이 이미 끝났음을 나타내는 말로 동사 뒤에서 '-아/어 버리다'의 구성으로 쓰인다.

1 먹다 + 버리다 → 동생이 만두를 다 [ ].

2 쏟다 + 버리다 → 컵에 있던 물을 모두 [ ].

3 뽑다 + 버리다 → 충치가 심해서 이를 결국 [ ].

07 밑줄 그은 한자 성어의 뜻으로 알맞은 것은? [ ]

누나: 네가 웬일이야? 방 청소를 다 하다니.
동생: 내가 그동안 청소도 안 하고 게으르게 지냈지? 게으른 행동을 고치고 <u>개과천선</u>해서 부지런하게 생활할 거야.

① 너무 부드러워 맺고 끊지 못하다.
② 작은 것을 욕심내다가 큰 것을 잃다.
③ 절망에 빠져 자기 자신을 돌보지 않다.
④ 자기 생각 없이 남의 의견에 따라 움직이다.
⑤ 지난날의 잘못을 고쳐 올바르고 착하게 바뀌다.

정답과 해설 22쪽

08~10 다음 글을 읽고, 물음에 답하시오. 사회 역사

조선 시대 학생들은 학년의 구분 없이 서당에 모여 훈장님께 글과 예절을 배웠다. 그러다 1895년 '소학교'가 설립되면서 아이들은 서당이 아닌 학교에서 공부하게 되었다. 오늘날의 '초등학교'는 이 소학교에서 시작되었다고 볼 수 있다. 소학교는 1906년에 공포된 '보통학교령'에 의해 '보통학교'라는 이름으로 바뀌었다. 이후 보통학교는 다시 이름이 소학교가 되었다가, 일제 강점기인 1941년에 '국민학교'로 변경되었다.

국민학교는 '황국 신민 학교'의 줄임말로, '일본에 충성하는 국민을 만든다.'라는 뜻이 담겨 있었다. 그래서 8·15 광복 이후 국민학교라는 이름을 바꾸어야 한다는 주장이 나왔다. 그러나 이 주장은 국민학교를 다른 이름으로 바꾸면 혼란이 생길 것이라는 문제가 제기되어 받아들여지지 않았다. 그러다가 1996년에 일제의 잔재를 청산하기 위해 국민학교라는 이름을 초등학교로 변경하였다. 초등학교는 '국민 생활에 필요한 기초적인 초등 교육을 실시하는 교육 기간'이라는 뜻으로, 지금까지 그 이름이 유지되고 있다.

08 이 글의 핵심 내용을 파악하여 빈칸에 들어갈 알맞은 말을 쓰시오.

'[　　　　　]'라는 이름이 쓰이기까지의 과정

09 이 글의 내용으로 알맞지 않은 것은? [　　]

① '국민학교'의 '국민'은 '황국 신민'을 일컫는 말이었다.
② '국민학교'라는 이름은 일제 강점기에 만들어진 말이다.
③ '국민학교'는 '일본에 충성하는 국민을 만든다.'라는 뜻이 담겨 있다.
④ '소학교', '보통학교', '국민학교'는 모두 '초등학교'의 이전 이름이다.
⑤ '국민학교'라는 이름은 8·15 광복을 맞은 해에 '초등학교'로 바뀌었다.

10 '국민학교'라는 이름을 '초등학교'로 바꾼 까닭으로 알맞은 것은? [　　]

① 일제의 잔재를 없애기 위해서
② 일본의 문화를 받아들이기 위해서
③ 우리나라의 독립을 기념하기 위해서
④ 학년의 구분을 명확하게 하기 위해서
⑤ 전 세계에서 초등학교라는 이름을 많이 사용해서

과학 물질

18 금지 약물을 찾아라

위협

힘	위 威
겁을 먹게 하다	협 脅

두려워하게 하거나 힘으로 겁을 먹게 하다.

범인이 도망간 창문에서 지문을 검출해 보죠.

박탈

벗기다	박 剝
빼앗다	탈 奪

남의 재물이나 권리, 자격 따위를 강제로 빼앗다.

도둑이 저를 위협하고 재물을 모두 박탈해 갔어요!

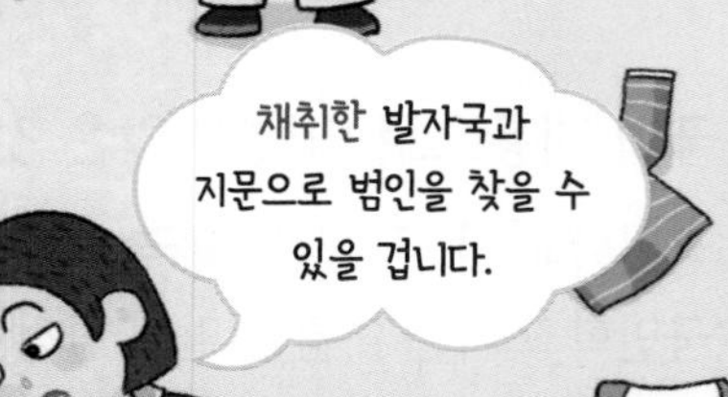

채취한 발자국과
지문으로 범인을 찾을 수
있을 겁니다.

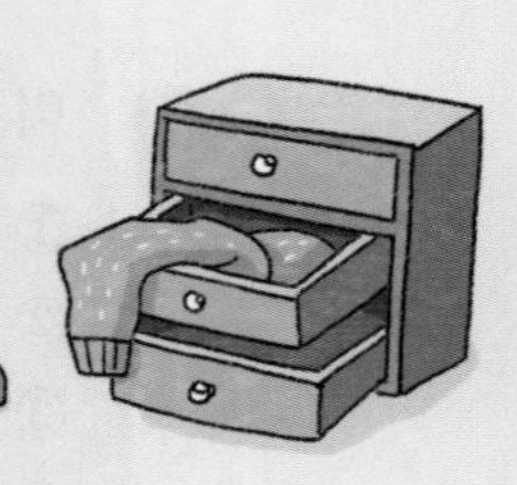

검출

검사하다	검 檢
나오다	출 出

성분이나 요소 따위를 검사하여 찾아내다.

채취

캐다	채 採
가지다	취 取

연구나 조사에 필요한 것을 찾거나 받아서 얻다.

정답과 해설 23쪽

01 밑줄 그은 어휘의 뜻에 맞는 말을 괄호 안에서 골라 ○표를 하시오.

1 이 생수는 대장균이 검출되어 먹는 물로 적합하지 않다.
→ 뜻 성분이나 요소 따위를 (일부러 숨기다 | 검사하여 찾아내다).

2 민수는 고의로 반칙을 하여 다음 시합에 나갈 자격을 박탈당했다.
→ 뜻 남의 재물이나 권리, 자격 따위를 (저절로 얻다 | 강제로 빼앗다).

02 밑줄 그은 어휘와 뜻이 비슷한 어휘를 골라 ○표를 하시오.

용감한 가게 주인은 강도의 위협에도 눈 하나 깜짝하지 않았다.

타협 | 협박 | 설득 | 보호

03 밑줄 그은 어휘가 어떤 뜻으로 쓰였는지 알맞게 선으로 이으시오.

1 경찰은 범인의 것으로 보이는 지문을 채취했다. •　　• ㉠ 자연에서 나는 것을 베거나 캐거나 하여 얻어 내다.

2 해녀들은 바다에서 전복, 해삼, 미역 등을 채취한다. •　　• ㉡ 연구나 조사에 필요한 것을 찾거나 받아서 얻다.

04 빈칸에 '검사하다 검(檢)' 자가 들어간 어휘를 쓰시오.

1 건강한 사람도 일정 기간마다 건강 [검][　]이 필요하다.
병이나 건강 상태를 검사하고 진찰하다.

2 자료 [검][　]을 하려면 컴퓨터를 이용하는 것이 편리하다.
책이나 컴퓨터에서 목적에 따라 필요한 자료들을 찾아내다.

어법+표현 다져요

05

보기를 참고했을 때, 본말과 준말의 관계가 바르지 않은 것은? [ ]

보기

'본말'은 줄이지 않은 본디의 말이고, '준말'은 어휘의 일부분이 줄어든 말이다.

① 보이다 → 뵈다
② 오래간만 → 오랜만
③ 머무르다 → 머물다
④ 이러하다 → 이렇다
⑤ 어떻게 하다 → 어떻하다

06

다음과 같은 뜻을 지닌 속담으로 알맞은 것은? [ ]

매우 어려운 처지에 있는 사람을 도와주기는커녕 아주 조그만 이익마저 빼앗아 간다는 뜻으로, 하는 짓이 몹시 너그럽지 못하거나 욕심이 많은 사람에게 사용하는 속담이다.

① 뛰어야 벼룩
② 벼룩도 낯짝이 있다
③ 개털에 벼룩 끼듯
④ 벼룩의 간을 내먹는다
⑤ 뛰면 벼룩이요 날면 파리

07

다음 한자 성어를 활용한 문장으로 알맞은 것은? [ ]

狐	假	虎	威
여우 호	거짓 가	호랑이 호	힘 위

'호가호위'는 여우가 호랑이의 힘을 빌려 다른 동물을 위협한다는 뜻으로, 남의 권력이나 지위를 빌려 다른 사람에게 위세를 부리는 경우를 이르는 말이다.

① 호가호위라더니, 이젠 네 그림 솜씨가 스승보다 낫구나.
② 호가호위의 자세로 다가올 여름철 장마에 미리 대비합시다.
③ 선생님이 안 계시자 반장은 마치 자기가 선생님인 양 호가호위했다.
④ 유미는 어려운 집안 형편에도 호가호위로 공부하여 대학교에 입학하였다.
⑤ 시험을 앞둔 동생은 그동안 공부를 많이 했는지 호가호위한 모습을 보였다.

정답과 해설 23쪽

08~10 다음 글을 읽고, 물음에 답하시오. 과학 물질

'도핑(doping)'은 운동선수가 좋은 성적을 내기 위해 금지된 약물을 먹거나 주사하는 것을 말한다. ㉠올림픽 같은 운동 경기에서는 도핑을 철저히 금지하고 있다. 그 까닭은 첫째로 도핑은 선수들이 공정하게 경쟁하여 승부를 가리는 스포츠 정신을 위반하기 때문이다. 금지 약물로 선수의 몸 상태가 좋아져 높은 성적을 냈다면 그것은 실력으로 얻은 정당한 성적이 될 수 없다. 두 번째로 약물은 선수들의 생명을 위협할 수도 있기 때문이다. 실제로 1960년 로마 올림픽에서 한 선수가 약물을 지나치게 먹어서 경기 도중 사망하는 일이 있었다.

이 사건의 영향으로 1968년 그르노블 올림픽부터는 운동선수가 성적을 올리기 위하여 금지된 약물을 사용했는지 검사하는 '도핑 테스트'를 정식으로 실시하고 있다. 운동선수가 약물을 먹거나 주사하면 혈액이나 소변에 약물이 일부 남아 있다. 그래서 선수들의 혈액이나 소변을 채취하여 분석하면 선수가 먹은 약물을 검출할 수 있다. 일부 선수들은 도핑 테스트로 금지 약물이 검출되어 올림픽에서 딴 메달이 박탈되기도 한다.

08 이 글의 핵심 내용을 파악하여 빈칸에 들어갈 알맞은 말을 쓰시오.

운동 경기에서 [   ]이 금지된 까닭과 약물 검출 방법

09 이 글의 내용과 일치하지 않는 것은? [ ]

① 현재 올림픽에서는 도핑 테스트를 실시하지 않는다.
② 도핑 테스트는 혈액이나 소변을 채취하여 분석한다.
③ 도핑은 운동선수가 금지된 약물을 먹거나 주사하는 것을 말한다.
④ 금지 약물이 검출되면 올림픽에서 받은 메달을 박탈당할 수 있다.
⑤ 1960년 로마 올림픽에서는 약물로 인해 선수가 사망하는 일이 발생했다.

10 ㉠의 까닭으로 알맞지 않은 것을 골라 ✓표를 하시오.

① ☐ 약물을 지나치게 사용하면 선수의 건강을 해칠 수 있기 때문이다.
② ☐ 약물이 선수의 몸 상태를 나빠지게 해서 성적이 낮아지기 때문이다.
③ ☐ 약물이 공정하게 경쟁하여 승부를 가리는 스포츠 정신을 위반하기 때문이다.

수학 수

19 약수와 배수

무수하다

없다	무 無
세다	수 數

헤아릴 수 없을 정도로 많다.

최소한

가장	최 最
적다	소 小
한정하다	한 限

더 이상 적게 하거나 줄일 수 없는 정도

별들이 무수히 빛나고 있네.
최소한으로 보아도
몇 만개는 되겠어.
어떤 별들은 특정한
형태를 이루고 있구나.

특정

특별하다	특 特
정하다	정 定

특별히 정해져 있다.

존재

있다	존 存
있다	재 在

현실에 실제로 있다.

어휘를 넓혀요

정답과 해설 24쪽

01 빈칸에 공통으로 들어갈 알맞은 어휘를 쓰시오.

- 실험 보고서는 [ ][ ]한 형식에 맞추어서 써야 한다.
- 물고기 중에는 [ ][ ] 지역의 바다에서만 사는 종류도 있다.

02 밑줄 그은 어휘의 뜻에 맞는 말을 괄호 안에서 골라 ○표를 하시오.

1 지구에는 수많은 생명체가 존재한다.
→ 뜻 현실에 실제로 (있다 | 없다).

2 운동을 시작해서 체력이 좋아지는 최소한의 시간은 한 달이다.
→ 뜻 더 이상 (적게 | 많게) 하거나 (줄일 | 늘릴) 수 없는 정도

03 밑줄 그은 어휘와 뜻이 비슷한 어휘로 알맞은 것은? [ ]

형은 무수한 경쟁자들을 제치고 달리기 대회에서 우승을 했다.

① 적은　② 드문　③ 수없는　④ 비슷한　⑤ 특이한

04 빈칸에 '가장 최(最)' 자가 들어간 어휘를 쓰시오.

1 오늘 낮 기온이 올해 들어 [최][ ]를 기록했다.
가장 높다.

2 민수는 자기가 입은 옷이 [최][ ] 유행하는 옷이라며 자랑했다.
가장 새롭다.

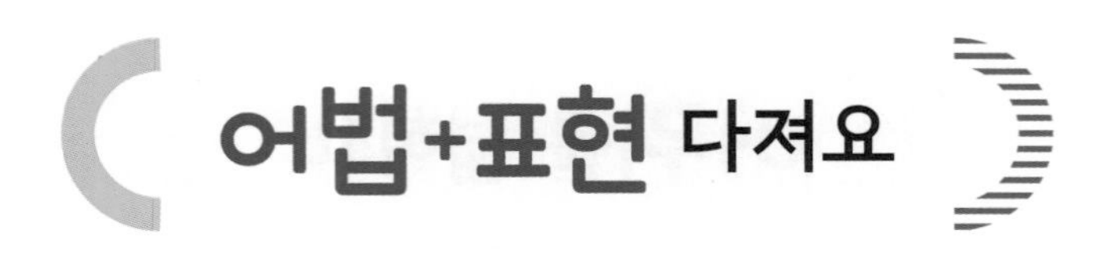

05 괄호 안에서 표기가 바른 것을 골라 ○표를 하시오.

1 (무수이 | 무수히) 많은 사람이 공원에 모여 있다.

2 멀리 떨어지지 말고 (가까이 | 가까히) 붙어서 따라 오렴.

3 식당 안에는 감미로운 음악이 (잔잔이 | 잔잔히) 흐르고 있다.

4 책상에 앉을 때에는 허리를 (반듯이 | 반듯히) 펴고 앉아야 한다.

06 밑줄 그은 내용과 뜻이 통하는 관용 표현으로 알맞은 것은? [ ]

통일 신라 말 농민들의 생활은 비참했다. 신라의 귀족들은 농민에게서 많은 세금을 거두어 갔고, 흉년은 계속되어 농민들은 <u>최소한의 식량만을 가지고 겨우 살아갔다</u>. 여기에 전염병까지 돌아 살기가 더욱 어려워지자 농민들은 세금 내는 것을 거부하며 반란을 일으켰다.

① 입이 마르다
② 입을 모으다
③ 입에 풀칠하다
④ 입이 심심하다
⑤ 입에 거품을 물다

07 다음 한자 성어를 활용한 문장으로 알맞은 것은? [ ]

不	知	其	數
아니다 부	알다 지	그 기	세다 수

'부지기수'는 그 수를 알지 못한다는 말로, 헤아릴 수 없을 만큼 매우 많다는 뜻이다.

① 동생은 고집이 어찌나 센지 한번 결심하면 <u>부지기수</u>이다.
② 유진이는 체육 대회에서 우리 팀을 승리로 이끈 <u>부지기수</u>였다.
③ 태풍이 휩쓸고 간 과수원에는 강풍에 떨어진 사과가 <u>부지기수</u>였다.
④ 줄넘기를 꾸준히 하면 체력도 좋아지고 키도 커진다니 <u>부지기수</u>구나.
⑤ 두 나라는 금방이라도 전쟁이 일어날 것만 같은 <u>부지기수</u>의 상태이다.

어휘로 교과서 읽어요

정답과 해설 24쪽

08~10 다음 글을 읽고, 물음에 답하시오. 수학 수

'약수'는 어떤 수를 나누었을 때 나누어떨어지게 하는 수를 말한다. 예를 들어 8의 약수는 8을 1부터 8까지의 수로 나누었을 때 나머지가 0이 되는 수인 1, 2, 4, 8이다. 약수에는 특정한 규칙이 있다. 모든 자연수는 1로 나누어떨어지기 때문에 1은 모든 수의 약수가 된다. 그래서 어떤 수의 약수 중에서 가장 작은 수는 항상 1이고, 가장 큰 수는 자기 자신이다. 즉 모든 자연수는 최소한 1과 자기 자신을 약수로 가진다.

'배수'는 어떤 수의 몇 배가 되는 수를 말한다. 예를 들어 4의 배수는 4를 1배, 2배, 3배, …… 한 수이며, 따라서 4의 배수는 4, 8, 12, ……이다. 자연수는 무수하게 많이 존재하기 때문에 어떤 수의 배수도 끝없이 구할 수 있다. 그래서 어떤 수의 배수 중 가장 작은 수는 자기 자신이지만, 가장 큰 수는 알 수 없다. 약수와 배수 사이의 관계는 곱셈식을 이용하여 설명할 수 있다. 다음과 같이 8을 2와 4의 곱으로 나타냈을 때, 8은 2와 4의 배수이고 2와 4는 8의 약수이다.

$$8 = 2 \times 4$$

8: 2와 4의 배수 / 2, 4: 8의 약수

08 이 글의 핵심 내용을 파악하여 빈칸에 들어갈 알맞은 말을 쓰시오.

{ [ ]와 배수의 뜻과 둘의 관계 }

09 이 글의 내용으로 알맞지 않은 것은? [ ]

① 1은 모든 수의 약수이다.
② 배수는 어떤 수의 몇 배가 되는 수이다.
③ 어떤 수의 배수 중 가장 작은 수는 자기 자신이다.
④ 어떤 수의 약수 중 가장 큰 수는 무엇인지 알 수 없다.
⑤ 약수는 어떤 수를 나누었을 때 나누어떨어지게 하는 수이다.

10 다음 식을 보고, 빈칸에 공통으로 들어갈 숫자를 쓰시오.

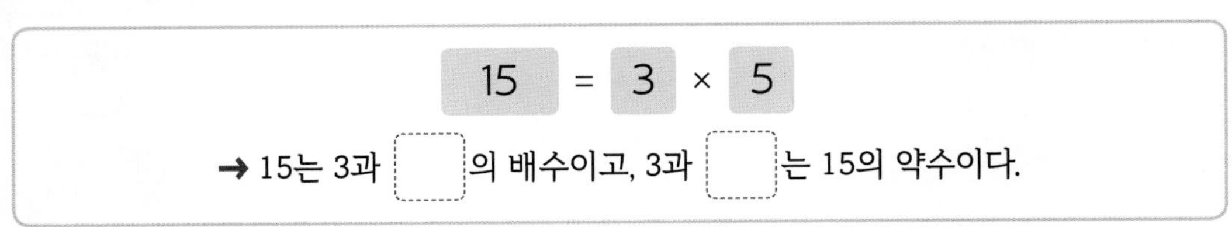

15 = 3 × 5
→ 15는 3과 [ ]의 배수이고, 3과 [ ]는 15의 약수이다.

과학 기술

20 스스로 달리는 자동차

각광

다리	각 脚
빛	광 光

어떤 대상에 대한 많은 사람들의 관심이나 흥미

조종

다루다	조 操
멋대로 하다	종 縱

기계를 다루어 움직이게 하다.

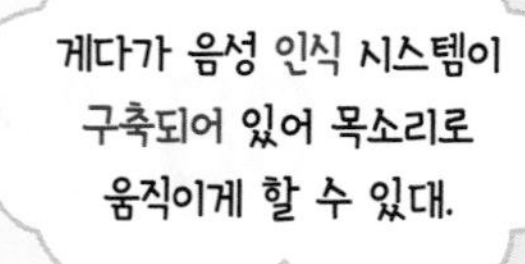

요즘 각광을 받고 있는 로봇 청소기야.
스마트폰으로도 조종이 가능하네.
게다가 음성 인식 시스템이 구축되어 있어 목소리로 움직이게 할 수 있대.

인식

알다	인 認
알다	식 識

사물을 분별하고 판단하여 알다.

구축

얽다	구 構
쌓다	축 築

어떤 일의 기초를 닦아 세우다.

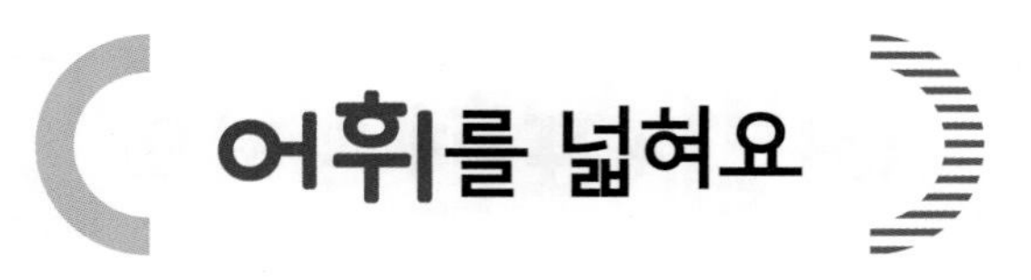

정답과 해설 25쪽

01

빈칸에 '어떤 일의 기초를 닦아 세우다.'를 뜻하는 어휘를 넣어 문장을 완성하시오.

그 화가는 자신만의 독특한 기법으로 새로운 작품 세계를 [ ][ ]했다.

02

밑줄 그은 내용과 바꾸어 쓸 수 있는 어휘를 빈칸에 쓰시오.

1 이 스마트폰은 사람의 얼굴을 분별하여 알아보는 기능이 있다.

↳ [ ][ ]하는

2 케이 팝(K-POP)이 전 세계적으로 많은 사람들의 관심을 받고 있다.

↳ [ ][ ]을

03

밑줄 그은 어휘가 어떤 뜻으로 쓰였는지 알맞게 선으로 이으시오.

1 그는 권력을 이용해 부하들을 조종하고 있다. •

2 이 드론은 스위치로 간단하게 조종할 수 있다. •

• ㉠ 기계를 다루어 움직이게 하다.

• ㉡ 다른 사람을 자기 마음대로 다루고 부리다.

04

빈칸에 '알다 식(識)' 자가 들어간 어휘를 쓰시오.

1 이 두 물건은 디자인이 거의 같아서 [식][ ]이 어렵다.

다른 것과 구별하여 알아보다.

2 공공장소에서 조용히 해야 하는 것은 기본적인 [ ][식]이다.

사람들이 보통 알고 있거나 알아야 하는 지식

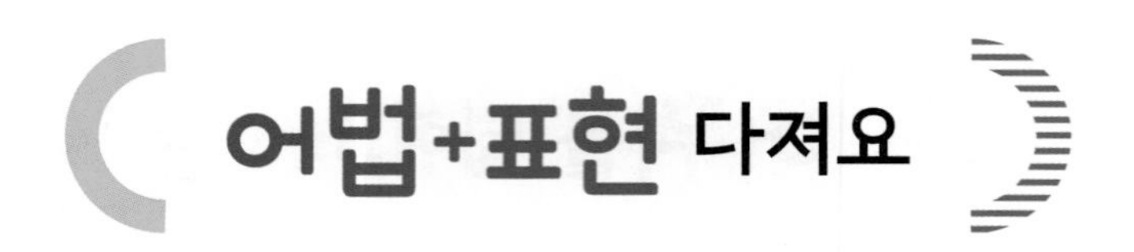

05 보기를 보고, 빈칸에 알맞은 말을 쓰시오.

보기

서(다) + -이우- + 다 = 세우다

↳ '-을/를 하게 하다.'라는 뜻을 더하는 말

1 자(다) + -이우- + 다 → 엄마가 아기를 [   ].

2 타(다) + -이우- + 다 → 청소부가 낙엽을 [   ].

3 쓰(다) + -이우- + 다 → 아빠가 아이에게 모자를 [   ].

06 밑줄 그은 내용과 뜻이 비슷한 관용 표현으로 알맞은 것은? [   ]

○○○ 작가는 어떤 주제로 글을 써야 사람들에게 <u>각광 받을지</u> 고민하고 있다.

① 눈에 익다
② 눈총을 쏘다
③ 눈 밖에 나다
④ 눈길을 모으다
⑤ 눈도 깜짝 안 하다

07 다음 한자 성어를 활용한 문장으로 알맞은 것은? [   ]

先	見	之	明
먼저 선	보다 견	~의 지	밝다 명

'선견지명'은 앞을 내다보는 안목이라는 뜻으로, 어떤 일이 일어나기 전에 미리 앞을 내다보고 아는 지혜를 가리킨다.

① 배우는 극 중 인물과 <u>선견지명</u>이 되어 연기를 펼쳤다.
② 사거리의 신호등이 고장 나서 차들이 <u>선견지명</u>인 상황이다.
③ 새해부터 일찍 일어나겠다는 결심은 <u>선견지명</u>으로 끝나고 말았다.
④ 할아버지께서는 아무 데도 안 가시고 며칠 동안 <u>선견지명</u>을 하고 계시다.
⑤ 거북선을 준비한 이순신 장군의 <u>선견지명</u> 덕분에 왜군을 물리칠 수 있었다.

어휘로 교과서 읽어요

정답과 해설 25쪽

08~10 다음 글을 읽고, 물음에 답하시오. 과학 기술

최근 각광을 받고 있는 자동차 기술로 '자율 주행'이 있다. 자율 주행은 운전자가 직접 운전하지 않고 자동차가 스스로 도로에서 달리게 하는 일을 말한다. 운전자의 조종 없이 자동차를 스스로 움직이게 하려면 다양한 기술이 필요하다. 먼저, 자동차가 앞차를 인식하여 차 사이 거리를 자동으로 유지하는 기술이 필요하다. 그와 더불어 자동차가 앞차와 부딪히기 전에 멈추는 기술, 자동차가 차선을 벗어나지 않게 달리는 기술 등도 필요하다.

자율 주행 자동차를 이용하면 운전자는 자동차로 이동하는 중에도 차 안에서 자유롭게 활동할 수 있고, 졸음이나 음주, 신호 위반 등 운전자의 실수로 인한 교통사고가 줄어들 수 있다. 그러나 자율 주행 자동차에 결함이 생기거나 작동 시스템에 오류가 발생하면 곧바로 큰 사고로 이어질 수도 있다. 따라서 자율 주행 자동차를 일상적으로 쓰기 위해서는 자율 주행 기술을 보완하고 더 발전시켜야 한다. 그리고 자동차가 자율 주행하기에 알맞은 교통 체제가 구축된다면 자율 주행 자동차는 우리 생활에 아주 유용하게 이용될 것이다.

08 이 글의 핵심 내용을 파악하여 빈칸에 공통으로 들어갈 알맞은 말을 쓰시오.

{ [　　　　]의 뜻과 [　　　　] 자동차의 장단점 }

09 이 글의 내용으로 알맞지 않은 것은? [ ]

① '자율 주행'은 최근 각광 받는 자동차 기술이다.
② 현재 거의 모든 자동차가 자율 주행 자동차이다.
③ 운전자의 조종 없이 자동차가 스스로 움직이려면 다양한 기술이 필요하다.
④ 자율 주행은 운전자가 직접 운전하지 않고 자동차가 스스로 달리게 하는 일이다.
⑤ 자율 주행을 하기 위해서는 자동차가 차 사이 거리를 자동으로 유지하는 기술이 필요하다.

10 자율 주행 자동차를 이용했을 때의 단점으로 알맞은 것은? []

① 자동차 구매가 줄어들 수 있다.
② 운전자의 신호 위반을 막을 수 없다.
③ 운전면허를 가질 수 있는 기준이 낮아진다.
④ 운전자의 실수로 인한 교통사고가 늘어날 수 있다.
⑤ 작동 시스템에 오류가 발생하면 큰 사고가 날 수 있다.

실력 확인 1회

1-3 뜻에 알맞은 어휘를 보기에서 골라 쓰시오.

보기

공헌　　응답　　문양　　보안　　고의

1 [　　　] : 일부러 하는 생각이나 태도

2 [　　　] : 옷이나 조각 따위에 장식으로 나타난 모양

3 [　　　] : 힘을 써서 가치 있는 일에 도움이 되게 하다.

4-5 어휘에 알맞은 뜻을 골라 선으로 이으시오.

4 초조 •

• ㉠ 애가 타서 마음이 조마조마하다.

• ㉡ 얄미울 정도로 쌀쌀맞고 정이 없다.

5 징조 •

• ㉠ 어떤 일이 일어날 것 같은 분위기나 느낌

• ㉡ 사회적으로 크게 쓸모가 있는 훌륭한 사람

6 밑줄 그은 어휘의 뜻으로 알맞은 것은? [　　]

위원회는 반칙을 한 선수의 올림픽 출전 자격을 박탈하였다.

① 서로 연결된 관계를 끊다.
② 사건이나 생각 따위를 차례대로 말하거나 적다.
③ 남의 재물이나 권리, 자격 따위를 강제로 빼앗다.
④ 일정한 지역이나 장소를 힘으로 빼앗아 차지하다.
⑤ 그릇된 일을 바르게 만들거나 잘못된 것을 올바르게 고치다.

7 **어휘의 뜻으로 알맞지 않은 것은?** [ ]

① 분배: 몫에 따라 나누다.
② 축조: 목적한 곳이나 수준에 이르다.
③ 조종: 기계를 다루어 움직이게 하다.
④ 편향: 생각이나 태도가 한쪽으로 치우치다.
⑤ 응고: 액체 따위가 한 덩어리로 뭉쳐 딱딱하게 굳어지다.

8 **괄호 안에 공통으로 들어갈 어휘로 알맞은 것은?** [ ]

- 우리나라는 관광산업을 키우기 위한 새로운 방법을 ( ).
- 세계의 여러 국가들은 환경오염을 줄이기 위한 다양한 방안을 ( ).

① 자욱하다 ② 과장하다 ③ 분해하다
④ 방관하다 ⑤ 모색하다

9 **밑줄 그은 어휘가 문장에 어울리지 않는 것은?** [ ]

① 왼쪽에서 오른쪽으로 방향을 전환했다.
② 다른 사람이 들어도 무방한 이야기이다.
③ 그 학자는 일식이 언제 일어날지 검출했다.
④ 사자는 사슴에게 이빨을 내 보이며 위협했다.
⑤ 아이와 어른을 불문하고 모두 그 가수를 좋아했다.

10-11 **문장에 알맞은 어휘를 골라 ✓표를 하시오.**

10 그는 아이들을 위해 학교를 ☐ 단절했다. ☐ 설립했다.

11 도둑은 경찰을 피해 지하실에 ☐ 은신했다. ☐ 협력했다.

실력 확인 1회

12 뜻이 비슷한 어휘끼리 짝 지은 것은? [ ]

① 중점, 요점 ② 개인, 집단 ③ 최소한, 최대한
④ 낙하하다, 상승하다 ⑤ 강화하다, 약화하다

13 밑줄 그은 어휘와 바꾸어 쓸 수 없는 것은? [ ]

우리들은 문제를 해결하기 위한 방안을 논의하였다.

① 계획 ② 대책 ③ 인용
④ 방법 ⑤ 방책

14 뜻이 반대인 어휘끼리 짝 지은 것은? [ ]

① 직관, 직감 ② 도달, 도착 ③ 비판, 비난
④ 옳다, 그르다 ⑤ 달이다, 끓이다

15-17 괄호 안에 들어갈 알맞은 어휘를 골라 선으로 이으시오.

15 독도 경비 대원들은 다른 나라로부터 독도를 지키는 일에 (　　　)하고 있다. • • 간편

16 큐아르 코드는 스마트폰만 있으면 코드를 찍어 (　　　)하게 정보를 확인할 수 있다. • • 주력

17 토론을 할 때는 상대방의 주장에 대해 (　　　)하고 자기의 주장이 옳다는 것을 증명해야 한다. • • 반박

관용어 • 속담 • 한자 성어

18 다음 설명에 맞는 관용어로 알맞은 것은? [ ]

> 이 관용어는 '온갖 힘과 정성을 쏟아 노력하다.'라는 뜻이다.
> → 예 그 사람은 __________ 어렵게 재산을 모았다.

① 색안경을 쓰다 ② 피땀을 흘리다 ③ 눈길을 모으다
④ 콧방귀를 뀌다 ⑤ 말꼬리를 잡다

19 다음 속담에서 얻을 수 있는 교훈으로 알맞은 것은? [ ]

> 입에 쓴 약이 병에는 좋다
>
> 우리 주위를 둘러보면 맛있는 음식이 참 많다. 하지만 아플 때 병을 낫게 하기 위해 먹는 약은 매우 쓰고 맛이 없다. 하지만 쓴 약을 먹으면 병이 낫는다. 그래서 이 속담에는 자기에 대한 충고나 비판이 당장은 듣기에 좋지 아니 하지만 그것을 달게 받아들이면 자기에게 도움이 된다는 뜻이 담겨 있다.

① 재물을 아껴 쓰자. ② 신중하게 행동하자.
③ 어려운 일이라도 일단 시작하자. ④ 자신에 대한 비판을 받아들이자.
⑤ 사소한 것도 중요하게 생각하자.

20 한자 성어 설명에서 괄호 안에 들어갈 어휘로 알맞은 것은? [ ]

> 수수방관
>
> | | |
> |---|---|
> | 소매 | 수(袖) |
> | 손 | 수(手) |
> | 곁 | 방(傍) |
> | 보다 | 관(觀) |
>
> 옷에 주머니가 없던 시절에, 사람들은 주머니 대신 소매에 손을 넣곤 했다. 어떤 일이 벌어지는데 손을 소매에 넣고 바라만 보고 있다면 그 일을 할 의지가 없거나 그 일에 관심이 없는 것이다. 이처럼 이 한자 성어는 어떤 일에 (   )하거나 거들지 않고 그대로 내버려 두는 경우를 뜻하는 말이다.

① 강화 ② 반항 ③ 간섭
④ 조종 ⑤ 출석

실력 확인 2회

1 어휘의 뜻으로 알맞지 않은 것은? [ ]

① 맞붙이다: 서로 마주 붙게 하다.
② 동반: 어떤 사물이나 현상이 함께 생기다.
③ 등재: 일정한 내용을 책 따위에 적어 올리다.
④ 친밀감: 지내는 사이가 매우 친하고 가까운 느낌
⑤ 지점: 남의 자격이나 권리, 자격 따위를 강제로 빼앗다.

2 밑줄 그은 어휘의 뜻으로 알맞은 것은? [ ]

그는 직장에서 첫 급료를 받았다.

① 벌을 주다. 또는 그 벌
② 지나치게 뜨거워지다. 또는 그런 열
③ 사물이나 말 따위가 생기거나 나온 근거
④ 월급이나 일급 등 일한 대가로 주거나 받는 돈
⑤ 새로운 것을 만들어내는 활동과 관련된 기발하고 좋은 생각

3-6 뜻에 알맞은 어휘를 보기에서 골라 쓰시오.

보기					
과도	보안	인용	정착	설립	파견

3 [ ] : 안전을 유지하다.

4 [ ] : 일정한 정도나 한도에 지나치다.

5 [ ] : 일정한 임무를 주어 사람을 보내다.

6 [ ] : 남의 말이나 글을 자신의 말이나 글 속에 끌어 쓰다.

정답과 해설 28-29쪽

7-9 어휘에 알맞은 뜻을 골라 선으로 이으시오.

7 인식 •

• ㉠ 사물을 분별하고 판단하여 알다.

• ㉡ 애가 타서 마음이 조마조마하다.

8 홍보 •

• ㉠ 널리 알리다. 또는 그 소식

• ㉡ 가장 중요하게 여겨야 할 점

9 서술 •

• ㉠ 미리 헤아려 짐작하다.

• ㉡ 사건이나 생각 따위를 차례대로 말하거나 적다.

10 밑줄 그은 어휘가 문장에 어울리지 않는 것은? [ ]

① 우리 회사는 전 세계에 판매망을 구축했다.
② 그는 이 사태를 방관할 수 없어 직접 나섰다.
③ 그녀는 잘못된 습관을 바로잡기 위해 노력했다.
④ 이 학교는 매년 우수한 잔재를 길러내는 곳입니다.
⑤ 선입견 없이 보아야 사람의 참된 모습을 알 수 있다.

11 괄호 안에 공통으로 들어갈 어휘로 알맞은 것은? [ ]

• 지구에는 수많은 생명체가 ( ).
• 우리에게는 아직 여러 가지 가능성이 ( ).

① 절박하다 ② 공포하다 ③ 박탈하다
④ 존재하다 ⑤ 채취하다

실력 확인 2회

12-14 괄호 안에 들어갈 알맞은 어휘를 골라 선으로 이으시오.

12 배추를 그대로 오래 두면 (　　　)하여 먹을 수 없게 된다. • 　　　• 청산

13 최근 (　　　)을 받고 있는 자동차 기술로 '자율 주행'이 있다. • 　　　• 각광

14 일제의 잔재를 (　　　)하기 위해 국민학교라는 이름을 초등학교로 변경하였다. • 　　　• 부패

15 밑줄 그은 어휘와 바꾸어 쓸 수 있는 것은? [　　　]

바닷가에는 무수한 모래알들이 있다.

① 덜한　② 많은　③ 귀한
④ 부족한　⑤ 무거운

16 밑줄 그은 어휘와 바꾸어 쓸 수 없는 것은? [　　　]

떠나려는 그 사람을 제지했으나 밖으로 나가 버렸다.

① 말렸으나　② 막았으나　③ 붙잡았으나
④ 저지했으나　⑤ 내몰았으나

17 뜻이 반대인 어휘끼리 짝 지은 것은? [　　　]

① 위협, 협박　② 권리, 권한　③ 특이, 독특
④ 특정, 불특정　⑤ 경제적, 효율적

관용어 · 속담 · 한자 성어

18 다음 설명에 맞는 관용어로 알맞은 것은? [ ]

> 이 관용어는 '순간적으로 몹시 놀라다.'라는 뜻이다.
> → 예 영화에 나온 무서운 장면을 보고 ____________ 줄 알았어.

① 눈에 띄다 ② 간 떨어지다 ③ 손에 잡히다
④ 발이 묶이다 ⑤ 입에 풀칠하다

19 다음 속담을 들려주기에 알맞은 사람은? [ ]

> 고양이 목에 방울 달기
>
> 이 속담은 고양이를 피하기 위해 의논하던 쥐들의 이야기에서 나왔다. 쥐들은 고양이를 피할 방법을 찾으려고 의논을 했다. 그때 한 쥐가 고양이 목에 방울을 달면 방울 소리를 듣고 미리 도망칠 수 있을 것이라고 말했다. 다른 쥐들도 좋은 의견이라고 했지만 아무도 나서서 고양이 목에 방울을 달려고 하지 않았다. 목숨을 잃을 수도 있는 위험한 일이었기 때문이다.

① 모든 일을 혼자 하려는 '은정'
② 어려운 일은 시작도 하지 않으려는 '연지'
③ 여러 일을 시작만 하고 끝내지 않는 '정수'
④ 자신의 잘못은 생각하지 않고 남을 비난하는 '현정'
⑤ 학급 회의 시간마다 실행할 수 없는 계획만 말하는 '은호'

20 한자 성어 설명에서 괄호 안에 들어갈 어휘로 알맞은 것은? [ ]

> 호가호위
>
> | | |
> |---|---|
> | 여우 | 호(狐) |
> | 거짓 | 가(假) |
> | 호랑이 | 호(虎) |
> | 힘 | 위(威) |
>
> 호랑이를 만나 잡아먹힐 위기에 처한 여우는 자신이 동물의 왕이라고 거짓말을 했다. 여우가 호랑이와 함께 다른 동물들을 만나러 갔더니, 동물들이 모두 도망갔다. 동물들은 여우가 아닌 호랑이를 보고 도망간 것이었다. 그래서 이 한자 성어는 '남의 (　　　　　)이나 지위를 빌려 다른 사람에게 위세를 부리다.'라는 뜻을 지닌다.

① 시간 ② 비판 ③ 근본
④ 권력 ⑤ 선입견

memo

정답과 해설
QR 코드

완자

공부력

정답과 해설

어휘 × 초등 전과목

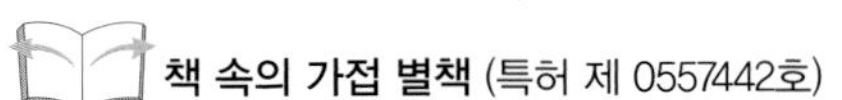

'정답과 해설'은 진도책에서 쉽게 분리할 수 있도록 제작되었으므로 유통 과정에서 분리될 수 있으나 파본이 아닌 정상 제품입니다.

우리는 남다른 상상과 혁신으로
교육 문화의 새로운 전형을 만들어
모든 이의 행복한 경험과 성장에 기여한다

완자

공부력

초등 전과목 어휘 5A

• • • •

정답과 해설

완자
공부력 가이드

완자 공부력 시리즈는
앞으로도 계속 출간될 예정입니다.

완자 공부력 시리즈로 공부 근육을 키워요!

매일 성장하는
초등 자기개발서

학습의 기초가 되는 읽기, 쓰기, 셈하기와 관련된 공부력을 키워야 여러 교과를 터득하기 쉬워집니다. 또한 어휘력과 독해력, 쓰기력, 계산력을 바탕으로 한 '공부력'은 자기주도 학습으로 상당한 단계까지 올라갈 수 있는 밑바탕이 되어 줍니다. 그래서 매일 꾸준한 학습이 가능한 '**완자 공부력 시리즈**'로 공부하면 **자기주도 학습이 가능한 튼튼한 공부 근육**을 키울 수 있을 것이라 확신합니다.

효과적인 **공부력 강화 계획**을 세워요!

학년별 공부 계획

내 학년에 맞게 꾸준하게 공부 계획을 세워요!

		1-2학년	3-4학년	5-6학년
기본	독해	국어 독해 1A 1B 2A 2B	국어 독해 3A 3B 4A 4B	국어 독해 5A 5B 6A 6B
	계산	수학 계산 1A 1B 2A 2B	수학 계산 3A 3B 4A 4B	수학 계산 5A 5B 6A 6B
	어휘	전과목 어휘 1A 1B 2A 2B	전과목 어휘 3A 3B 4A 4B	전과목 어휘 5A 5B 6A 6B
		파닉스 1 2	영단어 3A 3B 4A 4B	영단어 5A 5B 6A 6B
확장	어휘	전과목 한자 어휘 1A 1B 2A 2B	전과목 한자 어휘 3A 3B 4A 4B	전과목 한자 어휘 5A 5B 6A 6B
	쓰기	맞춤법 바로 쓰기 1A 1B 2A 2B		
	독해		한국사 독해 인물편 1 2 3 4	
			한국사 독해 시대편 1 2 3 4	

시기별 공부 계획

학기 중에는 **기본**, 방학 중에는 **기본 + 확장**으로 공부 계획을 세워요!

방학 중			
학기 중			
기본			확장
독해	계산	어휘	어휘, 쓰기, 독해
국어 독해	수학 계산	전과목 어휘	전과목 한자 어휘
		파닉스(1~2학년) 영단어(3~6학년)	맞춤법 바로 쓰기(1~2학년) 한국사 독해(3~6학년)

예시 초1 학기 중 공부 계획표 주 5일 하루 3과목 (45분)

월	화	수	목	금
국어 독해	국어 독해	국어 독해	국어 독해	국어 독해
수학 계산	수학 계산	수학 계산	수학 계산	수학 계산
전과목 어휘	파닉스	전과목 어휘	전과목 어휘	파닉스

예시 초4 방학 중 공부 계획표 주 5일 하루 4과목 (60분)

월	화	수	목	금
국어 독해	국어 독해	국어 독해	국어 독해	국어 독해
수학 계산	수학 계산	수학 계산	수학 계산	수학 계산
전과목 어휘	영단어	전과목 어휘	전과목 어휘	영단어
한국사 독해 인물편	전과목 한자 어휘	한국사 독해 인물편	전과목 한자 어휘	한국사 독해 인물편

01 국어 문법 새로 생기는 말들

본문 8-11쪽

01 1 (친하고 가까운 | 낯설고 먼) 2 (많게 | 적게)

02 ③ 끊고

03 1 ㉠ 2 ㉡

04 1 면 2 망

05 1 (적게 | 작게) 2 (적어서 | 작아서) 3 (적다고 | 작다고), (적게 | 작게)

06 ① 취미로 시작한 그림은 미희의 자랑감이 되었다.

'자랑감'은 '자기와 관계있는 일이나 물건으로 남에게 드러내어 뽐낼 만한 거리'라는 뜻으로, 보기의 '-감(感)'과 관련이 없다.
② 배신감(背信感): 믿었던 사람이 자신의 믿음과 의리를 저버렸을 때의 느낌
③ 자신감(自信感): 어떤 일을 스스로 충분히 해낼 수 있다고 믿는 마음
④ 기대감(期待感): 어떤 일이 이루어지기를 바라고 기다리는 마음
⑤ 책임감(責任感): 맡아서 해야 할 일이나 의무를 중요하게 여기는 마음

07 ④ 수어지교(水魚之交)

'서로 떨어질 수 없는 친한 사이'를 뜻하는 '수어지교'에 대한 설명이다.
① 어릴 때부터 같이 놀며 자란 벗
② 벗과 벗 사이의 도리는 믿음에 있다.
③ 원수를 갚거나 마음먹은 일을 이루기 위하여 온갖 어려움과 괴로움을 참고 견딘다.
⑤ 매우 가까운 친구로 지내다.

08 신조어 의 뜻과 신조어 사용의 장단점

이 글은 신조어의 뜻과 특징을 설명하고, 신조어 사용의 장단점, 신조어를 사용할 때 주의할 점에 대해 말하고 있다.

09 ④ 이 말을 모르는 사람과 대화할 때 사용하면 친밀감을 높일 수 있다.

신조어를 모르는 사람과 대화할 때 신조어를 사용하면 대화가 원활하게 이루어지기 어려워 대화가 단절될 수 있다.

10 지훈

대화 상대가 신조어를 알고 있는지, 신조어가 한글을 파괴하는 말은 아닌지 고려하여 신조어를 무분별하게 사용하지 않도록 주의해야 한다.

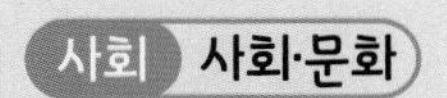

휴대 전화 없이 살 수 없어

본문 12-15쪽

01 1 (알맞다 | 지나치다) 2 (편안하다 | 조마조마하다)

02 1 침착하다 | 차분하다 | 안절부절못하다 2 괜찮다 | 걸리다 | 방해되다

03 제지

04 1 초과 2 과로

05 1 (못하다 | 못 하다) 2 (못하다 | 못 하다)

06 1 [반듯이 / 반듯히] 2 [과도이 / 과도히] 3 [초조이 / 초조히]

부사를 만들 때 부사의 끝소리가 분명히 '이'로만 소리 나는 것은 '–이'로 적고, '히'로만 나거나 '이'나 '히'로 소리 나는 것은 '–히'로 적는다.

07 ☑ 나는 거짓말한 것을 들킬까 봐 노심초사했다.

첫 번째 문장은 거짓말을 한 것이 들킬까 봐 초조해하는 상황이므로 '노심초사(勞心焦思)'를 쓰기에 알맞다.
- 두 번째 문장: '자기가 한 일을 스스로 자랑한다.'는 뜻의 '자화자찬(自畵自讚)'이 어울린다.
- 세 번째 문장: '충격을 받을 만한 상황인데도 전혀 태도의 변화가 없이 아무렇지 않다.'는 뜻의 '태연자약(泰然自若)'이 어울린다.

08 노모포비아 의 뜻과 예방법

이 글은 노모포비아가 무엇을 말하는지 알려 주고, 이 증상의 부작용 및 예방법에 대해 설명하고 있다.

09 ④ 휴대 전화가 눈에 보이지 않으면 초조하다.

노모포비아는 휴대 전화를 사용할 수 없거나 휴대 전화가 눈에 보이지 않으면 초조함이나 불안감을 느끼는 증상이다.

10 ④ 휴대 전화로 인터넷 검색을 자주 해서 검색 능력을 키우겠어.

④는 휴대 전화를 앞으로도 자주 사용하겠다는 반응을 보이고 있다. ④를 제외한 나머지는 휴대 전화 사용을 줄이겠다는 반응을 보이고 있다.

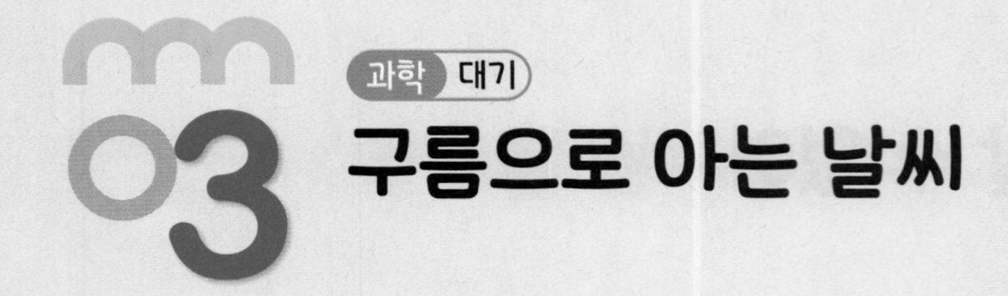

03 구름으로 아는 날씨

과학 대기

본문 16-19쪽

01 1 예측 2 징조

02 1 ㉡ 2 ㉠

03 1 결과 | (조짐) | 근거 2 (내려가다) | 지나치다 | 들어오다

04 1 예방 2 예보 3 예약

05 1 헤아리다 2 금세 3 요컨대 4 도대체

06 ④ 아니나 다를까

'아니나 다를까'는 과연 예측한 바와 같다는 말이다. '많이 먹는가 싶더니 아니나 다를까 배탈이 났다.'처럼 쓰인다.
① 그렇게 말하기는 좀 지나칠 수도 있지만
② 언제나 또는 어떤 상황에서나
③ 뜻밖의 때에
⑤ 어떤 일이 선뜻 이해가 가지 않는다.

07 ⑤ 아무 상관없는 일이 함께 생겨서 괜한 의심을 받는 경우

'오비이락(烏飛梨落)'은 우연히 배가 떨어진 일로 까마귀가 의심을 받았듯이, 아무 상관없는 일이 함께 생겨서 괜한 의심을 받는다는 말이다.
① 조삼모사(朝三暮四) ② 결초보은(結草報恩) ③ 일석이조(一石二鳥) ④ 동병상련(同病相憐)

08 구름이 생기는 원리와 구름의 모양에 따라 예측할 수 있는 날씨

이 글은 구름이 생기는 원리와 구름의 모양에 따라 어떤 날씨를 예측할 수 있는지 설명하고 있다.

09 수증기

지표면에서 하늘로 올라가면서 공기의 온도는 점점 낮아진다. 이때 공기 중의 수증기가 찬 공기를 만나면 물방울이 되거나 얼음 알갱이 상태로 변하고, 이것이 모여서 구름이 만들어진다.

10 ② 조개구름이 뜬 것을 보니 곧 비가 올 것 같아.

조개구름은 비가 올 징조를 나타내므로 ②가 알맞게 예측한 것이다.
① 뭉게구름을 보고 맑은 날씨를 예측할 수 있다.
③ 비늘구름을 보고 비가 올 날씨를 예측할 수 있다.
④ 새털구름을 보고 맑았다가 흐려지는 날씨를 예측할 수 있다.
⑤ 소나기구름을 보고 우박, 소나기, 천둥, 번개를 동반한 날씨를 예측할 수 있다.

수학 도형

도형이 예술이 되다

본문 20-23쪽

01 1 (불문하고 | 불과하고) 2 (맞바꿨다 | 맞붙였다)

02 영감

03 ☑ 방해하고

04 1 헌혈 2 헌신

05 1 속이다 2 날리다 3 입히다

06 ② 존경스러운 마음이 들다.

'고개가 수그러지다'는 '존경하는 마음이 일어나다.'라는 뜻이다.

07 ☑ 기상천외(奇想天外)

밑줄 그은 부분에 공통으로 들어갈 한자 성어로 알맞은 것은 '생각이 기발하고 엉뚱하다.'라는 뜻의 '기상천외(기이하다 奇, 생각 想, 하늘 天, 바깥 外)이다.

08 테셀레이션의 뜻과 테셀레이션을 예술로 발전시킨 미술가 에셔

이 글은 테셀레이션의 뜻을 설명하고, 하나의 정다각형만을 이용해 테셀레이션을 만들 수 있는 경우를 설명하고 있다. 또한 테셀레이션을 예술로 발전시킨 미술가 에셔를 소개하고 있다.

09 ② 정육각형

하나의 정다각형만을 이용해 테셀레이션을 만들 때, 테셀레이션을 만들 수 있는 정다각형은 정삼각형, 정사각형, 정육각형뿐이다. 도형을 맞붙였을 때 한 점에 모인 각의 합이 360도를 이루어야만 빈틈과 겹침 없이 공간을 완전하게 채울 수 있기 때문이다.

10 ②

②는 빈틈이나 겹침 없이 공간이 채워져 있지만 도형이 반복해서 쓰이지 않았으므로 테셀레이션이라 볼 수 없다.

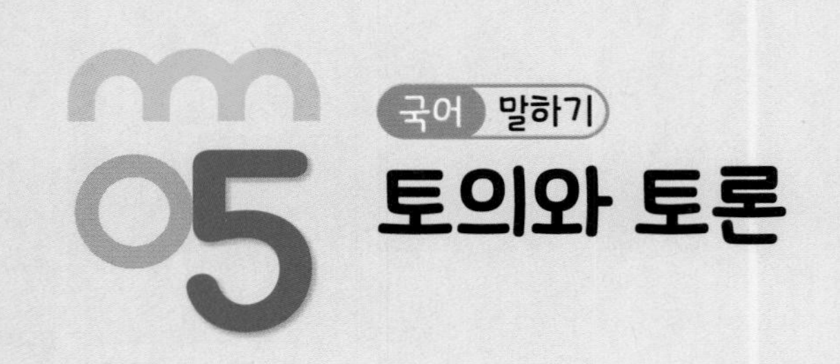

국어 말하기

05 토의와 토론

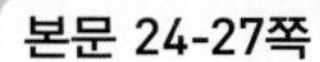

본문 24-27쪽

01 반박

02 1 (모색해 | 실행해) 2 (규칙 | 방안)

03 ☑ 도우며

04 ㉠

'색칠(色漆)'의 '색(色)'은 '빛' 또는 '빛깔'을 뜻한다.

05 ③ 민지와 민희는 쌍둥이지만 서로 성격이 틀리다.

민지와 민희의 성격이 같지 않다는 의미이므로 '다르다'를 써야 한다.

06 ② 고양이 목에 방울 달기

"고양이 목에 방울 달기"는 '실행하기 어려운 일을 헛되게 의논하다.'라는 뜻이다.
① 마음과는 달리 겉으로만 생각해 주는 척하다.
③ 어떤 일이나 사물을 믿지 못할 사람에게 맡겨 놓고 걱정하다.
④ 막다른 지경에 이르면 약한 자도 마지막 힘을 다하여 반항한다.
⑤ 겉으로는 얌전한 체하지만 실제로는 다르다.

07 ③ 나와 동생은 여름휴가 장소를 두고 갑론을박을 벌였다.

③은 여름휴가 장소를 두고 서로 자기 의견을 내세우는 상황이므로 '갑론을박'이 알맞다.
① 금상첨화(錦上添花): 좋은 일 위에 또 좋은 일이 더하여지다.
② 이심전심(以心傳心): 마음과 마음으로 서로 뜻이 통하다.
④ 배은망덕(背恩忘德): 남에게 입은 은혜를 저버리고 배신하다.
⑤ 시시비비(是是非非): 여러 가지 잘한 것과 잘못한 것

08 토의 와 토론의 공통점과 차이점

이 글은 토의와 토론이 문제를 해결하는 방식에 있어서 무엇이 다른지 설명하고 있다.

09 ③ 토의 주제는 한 가지 의견만 나올 수 있는 것이어야 한다.

토의 주제는 문제에 대하여 여러 가지 해결 방안이 나올 수 있는 것이어야 한다.

10 ☑ 교실에서 만화책 보기를 금지해야 할까?

토론 주제는 찬성과 반대로 나뉠 수 있는 문제여야 한다.

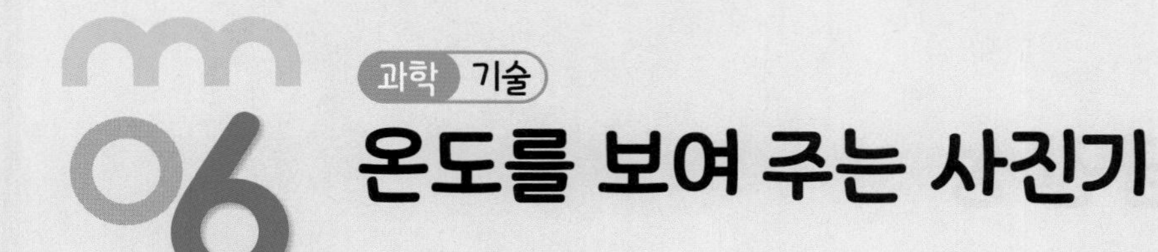

06 온도를 보여 주는 사진기

과학 기술

본문 28-31쪽

01 보안

02 1 (뒤덮다) | 깨끗하다 | 또렷하다　2 (평범하다) | 독특하다 | 특수하다

03 1 ㉡　2 ㉠

04 1 안전　2 불안

05 1 ㉠　2 ㉢　3 ㉡

06 ☑ 눈에 띄다

화려한 옷차림을 한 진우가 멀리서도 두드러지게 보인다는 뜻으로 '눈에 띄다'가 들어가는 것이 알맞다.

07 ② 아는 길도 물어 가랬다

"아는 길도 물어 가랬다"라는 속담은 잘 아는 일이라도 꼼꼼히 확인하여 실수가 없게 하라는 뜻이다.
① 어떤 일에 자신이 있으면 서슴지 말고 행동해라.
③ 편하고 유리한 방법을 가르쳐 주었는데도 굳이 자기 고집대로만 한다.
④ 미련한 사람이라도 제 일이 급하게 되면 무슨 수를 내서든지 해낸다.
⑤ 사람의 속마음을 알기란 매우 힘들다.

08 열화상 사진기의 특징과 그것을 활용하는 예

이 글에서는 열화상 사진기가 물체의 온도를 어떤 색으로 나타내는지, 어떤 분야에서 활용되고 있는지 설명하고 있다.

09 ② 빛이 없을 때에는 물체를 확인할 수 없다.

열화상 사진기는 빛과 장애물이 있거나 없거나 상관없이 물체를 확인할 수 있다.

10 ③ 풍경이나 사물을 눈에 보이는 대로 재현할 때

열화상 사진기는 물체의 온도를 여러 가지 색깔로 나타내는 특이한 사진기이다. 풍경이나 사물을 눈에 보이는 대로 재현하지는 않는다.

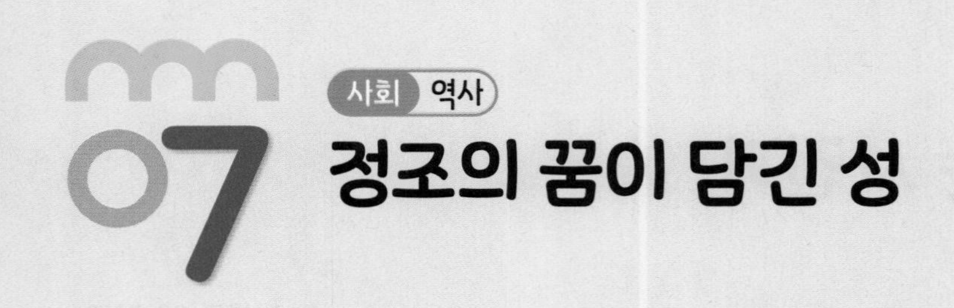

07 정조의 꿈이 담긴 성

본문 32-35쪽

01 등재

02 1 (쌓아서 만들어서 | 부수어 헐어서) 2 (약하게 하기 | 튼튼하게 하기)

03 1 ㉡ 2 ㉠

04 1 창조 2 개조

05 1 (싸여 | 쌓여) 2 (싸인 | 쌓인) 3 (싸인 | 쌓인) 4 (싸여 | 쌓여)

1 은 '물건이 차곡차곡 포개어 얹어져 구조물이 이루어지다.'라는 뜻의 '쌓이다', 2 는 '다른 물체에 주위가 가려지거나 막히다.'라는 뜻의 '싸이다', 3 은 '물건이 보이지 않게 씌워져 가려지거나 둘려 말리다.'라는 뜻의 '싸이다', 4 는 '여러 개의 물건이 겹겹이 포개어 얹어 놓이다.'라는 뜻의 '쌓이다'가 알맞다.

06 1 결정되다 2 진행되다 3 사용되다

07 ④ 아무리 좋은 것이라도 쓸모 있게 만들어 놓아야 값어치가 있다.

"구슬이 서 말이라도 꿰어야 보배"는 ④의 뜻이다. '구슬이 서 말이라도 꿰어야 보배라고 문제집이 많아도 공부를 안 하면 소용없다.'처럼 쓸 수 있다.
① 천 리 길도 한 걸음부터
② 우물을 파도 한 우물을 파라
③ 원숭이도 나무에서 떨어질 때가 있다
⑤ 오르지 못할 나무는 쳐다보지도 마라

08 수원 화성 이 만들어진 배경과 수원 화성 의 가치

정조가 수원 화성을 건설한 까닭을 설명하고, 훼손된 수원 화성을 복원할 수 있었던 배경, 수원 화성의 가치 등에 대해 설명하고 있다.

09 ② 수원 화성은 전쟁으로 크게 훼손되어 현재 남아 있지 않다.

수원 화성은 일제 강점기와 육이오 전쟁을 거치면서 크게 훼손되었으나, 『화성성역의궤』 덕분에 원래의 모습대로 복원할 수 있었다.

10 ② 수원 화성 공사의 한계점

『화성성역의궤』에는 수원 화성 공사에 참여한 사람의 수, 공사 비용, 사용된 물품, 설계 등이 자세히 기록되어 있다.

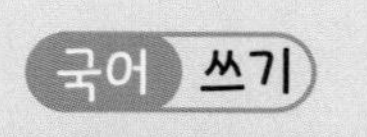

08 베끼는 건 범죄야

본문 36-39쪽

01 1 인용 2 출처

02 과장

03 ② 자격

04 1 출입 2 구출 3 수출

05 ④ 나는 아픈 친구<u>에</u> 가방을 대신 들어 주었다.

④ '가방'은 '친구'가 가지고 있는 것이기 때문에 '에'가 아니라 '의'를 써야 한다.

06 ④ 말꼬리를 잡다

진희는 민우가 한 말에서 잘못된 표현을 계속 이야기하고 있다. 따라서 '남의 말 가운데서 잘못 표현된 부분의 약점을 잡다.'라는 뜻의 '말꼬리를 잡다'가 들어가는 게 어울린다.
① 못 쓰게 만들거나 일을 망치다.
② 남의 이야기나 의견에 관심을 가지고 주의를 모으다.
③ 아니꼽거나 못마땅하여 남의 말을 들은 체 만 체 말대꾸를 안 하다.
⑤ 남의 말을 따라 움직이다.

07 ④ 민지는 대수롭지도 않은 일을 <u>침소봉대</u>하여 친구들에게 늘어놓았다.

④는 민지가 중요하지도 않은 일을 과장해서 친구들에게 늘어놓는 상황이므로 '침소봉대'가 알맞게 활용되었다.
① 이실직고(以實直告): 사실 그대로 말하다.
② 학수고대(鶴首苦待): 간절히 기다리다.
③ 결초보은(結草報恩): 죽은 뒤에라도 은혜를 잊지 않고 갚다.
⑤ 풍수지탄(風樹之嘆): 효도를 다하지 못한 채 어버이를 여읜 자식의 슬픔

08 [저작권]의 뜻과 [저작권]을 보호하는 방법

이 글에서는 저작권의 뜻, 저작권을 보호해야 하는 까닭과 보호하는 방법에 대하여 설명하고 있다.

09 ② 저작권은 저작물 중 글에만 적용되는 권리이다.

저작물에는 글은 물론 음악, 춤, 그림, 영화 등이 모두 포함되며, 저작권은 저작자가 이 모든 저작물에 대하여 가지는 권리이다.

10 ㉢

㉠: 자신이 구매한 저작물일지라도 저작권자의 허락 없이 퍼뜨려서는 안 된다.
㉡: 저작권자의 허락 없이 저작물의 내용을 자신이 원하는 방향으로 수정하거나 과장하면 안 된다.

엔진이 없는 롤러코스터

본문 40-43쪽

01 지점

02 1 (올라갔다 | (떨어졌다)) 2 (출발하려면 | (도착하려면))

03 1 막다 | (바꾸다) | 돌아가다 2 추락하다 | (상승하다) | 하강하다

04 1 환승 2 교환

05 1 [바껴서 / (바뀌어서)] 2 [바꼈는지 / (바뀌었는지)] 3 [사겼다 / (사귀었다)] 4 [사겨 / (사귀어)]

1 '바뀌(다)'+'-어서' → 바뀌어서
2 '바뀌(다)'+'-었는지' → 바뀌었는지
3 '사귀(다)'+'-었다' → 사귀었다
4 '사귀(다)'+'-어' → 사귀어

06 ② 순간적으로 몹시 놀라다.

'간 떨어지다'는 '순간적으로 몹시 놀라다.'라는 뜻이다.
① 간에 바람 들다 ③ 간이 크다 ④ 간이 마르다 ⑤ 간을 졸이다

07 ② 천 리 길도 한 걸음부터

"천 리 길도 한 걸음부터"라는 속담은 무슨 일이든 그 일의 시작이 중요하다는 말이다.
① 어떤 일이든지 단번에 만족할 수는 없다.
③ 당장 먹기 좋고 편한 것은 그때 잠시뿐이지 정작 좋고 이로운 것은 못 된다.
④ 어떤 일을 할 때 그 결과가 어떻게 되리라는 것을 생각하여 미리 살피고 일을 시작해야 한다.
⑤ 듣기만 하는 것보다 직접 보는 것이 확실하다.

08 [롤러코스터]가 움직이는 원리인 에너지 [전환]

이 글에서는 롤러코스터가 엔진 없이 에너지 전환으로 달릴 수 있는 원리에 대해 설명하고 있다.

09 ② 운동 에너지는 다른 형태로 변화하지 않는다.

에너지는 그 형태가 변화하기도 하는데, 이것을 에너지 전환이라고 한다. 롤러코스터의 예에서 보듯이 운동 에너지도 다른 형태로 변화한다.

10 ㉡

물체가 높은 곳에 있을수록 물체가 갖는 위치 에너지가 커지기 때문에, 그림에서 가장 높은 지점인 ㉡이 롤러코스터가 갖는 위치 에너지가 최대인 지점이다.

사회 법

10 착한 사마리아인의 법

본문 44-47쪽

01 1 처벌 2 방관

02 (일부러 | 실수로)

03 ③ 다정하게

04 1 관찰 2 관광

05 ③ 우리는 직접 도자기를 만들어 보았다.

'도자기'는 흙으로 빚어서 만든 그릇을 통틀어 이르는 말로, 나누어지지 않는 하나의 어휘이다.
① 찾아보기 = 찾아보(다) + -기
② 웃기 = 웃(다) + -기
④ 놀기 = 놀(다) + -기
⑤ 달리기 = 달리(다) + -기

06 1 ㉡ 2 ㉠

"미운 아이 떡 하나 더 준다"는 '미운 사람일수록 잘 대해 주면서 나쁜 감정을 쌓지 않아야 한다.'라는 뜻이고, "찔러도 피 한 방울 안 나겠다"는 '너무 냉정하여 인정이라고는 없다.'라는 뜻이다.

07 ④ 어떤 일에 간섭하거나 거들지 않고 그대로 내버려 두다.

'수수방관'은 팔짱을 끼고 보고만 있다는 말로 '해야 할 일에 간섭하거나 거들지 않고 그대로 내버려 두다.'라는 뜻이다.
① 상부상조(相扶相助)
② 경거망동(輕擧妄動)
③ 유아독존(唯我獨尊)
⑤ 동상이몽(同床異夢)

08 '착한 사마리아인 의 법'의 내용과 필요성에 대한 다른 입장

이 글은 '착한 사마리아인의 법'의 내용과 이 법의 필요성에 대한 서로 반대되는 입장을 설명하고 있다.

09 ⑤ 위험에 처한 사람을 돕지 않으면 처벌하는 법

'착한 사마리아인의 법'은 자신이 위험해지지 않는데도 위험에 처한 사람을 고의로 돕지 않는 사람을 처벌하는 법을 말한다.

10 진수

정아와 민지는 '착한 사마리아인의 법'이 필요하다는 입장이고, 진수만 이 법이 필요하지 않다는 입장이다.

과학 물질

11 된장과 치즈의 비밀

본문 48-51쪽

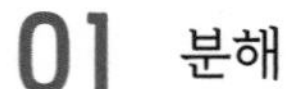

01 분해

02 1 ㉠ 2 ㉡

03 1 (끓이다) | 태우다 | 식히다 2 흩어지다 | 갈라지다 | (굳어지다)

04 1 분류 2 부분

05 1 [달여 / (다려)] 2 [(달이는) / 다리는] 3 [(달이셨다) / 다리셨다]

06 1 ((못써) | 못 써) 2 (못쓰게 | (못 쓰게)) 3 ((못쓰게) | 못 쓰게)

1 '옳지 않다.'라는 뜻이므로 '못써'로 붙여 쓴다.
2 '쓰지 못하다.'라는 뜻이므로 '못 쓰게'로 띄어 쓴다.
3 '얼굴이나 몸에 살이 빠지다.'라는 뜻이므로 '못쓰게'로 붙여 쓴다.

07 ④ 신선놀음에 도낏자루 썩는 줄 모른다

희수는 게임에 정신이 팔려 시간 가는 줄도 몰랐다. 이 상황에는 아주 재미있는 일에 정신이 팔려 시간 가는 줄 모르는 경우를 이르는 말인 ④가 알맞다.
① 본래 좋고 훌륭한 것은 비록 상해도 그 본질에는 변함이 없다.
② 그저 가만히 있으면 제자리에 머물러 있거나 남보다 뒤떨어지기 마련이다.
③ 곧 힘없이 뚝 끊길 것 같다.
⑤ 크게 손해 볼 것은 모르고 사소한 것을 아끼는 어리석은 행동

08 부패와 [발효]의 차이점과 [발효] 식품의 예

이 글은 부패와 발효의 차이점을 알려 주고, 발효 식품인 된장과 간장, 요구르트와 치즈가 만들어지는 방법을 설명하고 있다.

09 (이로운 | (해로운)), ((이로운) | 해로운)

부패와 발효는 모두 미생물에 의해 분해가 일어나는 과정이지만, 부패는 사람에게 해로운 물질을 만들고 발효는 사람에게 이로운 물질을 만든다는 점에서 큰 차이가 있다.

10 ④ 발효된 우유에 레닛을 넣으면 우유가 굳어지면서 치즈가 된다.

치즈는 발효된 우유에 레닛이라는 효소를 넣어 응고시킨 것이다.

12 국어 읽기

내용을 따지며 읽어요

본문 52-55쪽

01 1 (공평하고 올바르다 | 한쪽으로 치우치다) 2 (소중한 | 고정된)

02 비판

03 1 ㉠ 2 ㉡

04 1 편애 2 편견

05 1 { (한쪽 | 한 쪽) / (한쪽 | 한 쪽) } 2 { (한번 | 한 번) / (한번 | 한 번) }

1 첫 번째 문장에서는 책의 한 면을 나타내므로 띄어 쓰고, 두 번째 문장에서는 하나의 방향을 나타내므로 붙여 쓴다.

2 첫 번째 문장에서는 기회를 나타내므로 붙여 쓰고, 두 번째 문장에서는 일의 횟수를 나타내므로 띄어 쓴다.

06 ② 좋지 않은 주관이나 선입견을 가지다.

'색안경을 쓰다'는 ②의 뜻으로 사용하는 관용 표현이다.
① 눈에 쌍심지를 켜다 ③ 눈길을 거두다 ④ 가면을 벗다 ⑤ 제 눈에 안경

07 ☑ 입에 쓴 약이 병에는 좋다

"입에 쓴 약이 병에는 좋다"라는 속담은 '자기에 대한 충고나 비판이 듣기에 좋지 않아도 그것을 받아들이면 자기에게 도움이 된다.'라는 뜻이므로 비판도 잘 새겨들어야 한다는 말과 함께 사용하기에 알맞다.
- 아는 것이 병: 모르면 마음이 편하여 좋으나, 알고 있으면 걱정이 된다.
- 개똥도 약에 쓰려면 없다: 평소에 흔하던 것도 막상 쓰려고 구하면 없다.

08 글을 비판 하며 읽는 방법

이 글은 글을 비판하며 읽어야 하는 까닭을 밝히고, 글을 비판하며 읽으려면 무엇을 살펴보고 판단해야 하는지 설명하고 있다.

09 ② 잘못된 정보를 받아들이지 않기 위해서

우리가 글을 읽을 때 글에 담긴 정보가 옳은지 그른지 판단하며 읽지 않는다면, 우리는 읽은 내용이 전부 진실인 줄 알고 잘못된 생각을 갖거나 잘못된 행동을 할 수 있다.

10 ③ 글에 제시된 정보를 무조건 신뢰하며 읽는다.

글에 잘못된 정보가 담겨 있을 수 있으므로 글을 무조건 받아들이기보다는 내용이 정확한지 판단하며 읽어야 한다.

사회 역사

13 우리 땅, 독도

본문 56-59쪽

01 1 (힘으로 빼앗아 | 상대와 의견을 맞춰) 2 (보내다 | 붙잡다)

02 ☑ 힘쓰고

03 1 ㉡ 2 ㉠

04 1 주사 2 주의

05 1 기울여 2 빼앗아 3 올바르게

1 '기우리다'는 '기울이다'의 잘못된 표기이다.
2 '빼았다'는 '빼앗다'의 잘못된 표기이다.
3 '옳바르다'는 '올바르다'의 잘못된 표기이다.

06 ④ 피땀을 흘리다

'온갖 힘과 정성을 쏟아 노력하다.'라는 뜻의 관용 표현은 '피땀을 흘리다'이다.
① 어려운 일이나 난처한 일을 당해서 진땀이 나도록 몹시 애를 쓰다.
② 몹시 괴롭히거나 애가 타게 만들다.
③ 몸을 시원하게 하여 땀을 없애다.
⑤ 몸치장을 하고 멋을 내다.

07 ☑ 쏟아진 물

"쏟아진 물"이라는 속담은 물을 쏟으면 다시 주워 담을 수 없는 것처럼 한번 저지른 일을 다시 고치거나 바로잡을 수 없다는 뜻이다. 비슷한 뜻의 속담으로는 "쏘아 놓은 살이요 엎지른 물이다", "깨진 그릇 이 맞추기"가 있다.

08 독도 의 가치와 역사, 독도 를 지키기 위한 노력

이 글은 독도의 위치, 가치, 역사를 소개하고, 독도를 지키기 위한 정부와 민간단체의 활동 등을 설명하고 있다.

09 ④ 일본은 역사적으로 독도가 우리나라 영토임을 인정한 적이 없다.

조선 숙종 때 안용복은 일본으로부터 울릉도와 독도가 우리나라 땅임을 확인하는 문서를 받아 냈다. 일본이 독도가 우리나라 땅임을 인정했던 것이다.

10 ⑤ 독도에 대해 잘못 소개한 자료나 정보를 찾아 바로잡고 있다.

민간단체들은 독도에 대해 잘못 소개한 자료나 정보를 찾아 바로잡는 활동을 하며 독도를 지키고 있다.

과학 기술

14 찍으면 정보가 쏟아져요

본문 60-63쪽

01 1 간편 2 홍보

02 1 글씨 | (무늬) | 색깔 2 편하다 | (복잡하다) | 거침없다

03 ☑ 대답하지

04 1 문답 2 답장

05 ① 계산이 틀리다.

'틀리다'는 '셈이나 사실 따위가 잘못되거나 어긋나다.'라는 뜻의 한 단어로, 동사에 '-리-'가 붙은 형태가 아니다.
② '늘-'+'-리-'+'-다' → 늘리다: 수나 분량 따위를 본디보다 많아지게 하거나 무게를 더 나가게 하다.
③ '살-'+'-리-'+'-다' → 살리다: 잃어 가던 생명을 다시 지니게 하다.
④ '날-'+'-리-'+'-다' → 날리다: 공중에 띄워서 어떤 위치에서 다른 위치로 움직이게 하다.
⑤ '돌-'+'-리-'+'-다' → 돌리다: 물체를 일정한 축을 중심으로 원을 그리면서 움직이게 하다.

06 1 ((느긋이) | 느긋히) 2 (간편이 | (간편히)) 3 (무던이 | (무던히))

07 ⑤ 묵묵부답(黙黙不答)

'묵묵부답(말없이 가만히 있다 黙黙, 아니다 不, 대답하다 答)'은 '묻는 말에 아무런 대답을 하지 않는다.'는 뜻으로 밑줄 그은 상황에 어울린다.
① 한 번 물음에 대하여 한 번 대답하다.
② 스스로 묻고 스스로 대답하다.
③ 의심나거나 모르는 점을 묻고 그 물음에 대답하다.
④ 어리석은 질문에 대한 현명한 대답

08 큐아르 코드의 뜻과 특징

이 글은 큐아르 코드의 뜻을 제시하고, 바코드와 비교하여 큐아르 코드의 장점을 설명하고 있다.

09 ④ 개발사의 허락만 받으면 누구라도 제작하고 사용할 수 있다.

큐아르 코드는 개발사에서 특허권을 행사하지 않아 누구라도 쉽게 제작하고 사용할 수 있다고 했다. 따라서 사용하기 전에 개발사의 허락을 받을 필요가 없다.

10 ④ 바코드와 큐아르 코드가 저장할 수 있는 정보의 양

바코드는 20자 정도의 숫자 정도만 저장할 수 있다. 큐아르코드는 7,089자의숫자, 4,296자의 문자를 저장할 수 있다.

수학 수

15 분수는 언제부터 썼을까

본문 64-67쪽

01 급료

02 (곧바로 느껴서 깨닫다 | 깊이 생각하고 연구하다)

03 1 더하다 | 나누다 | 곱하다   2 요점 | 관점 | 약점

04 1 직진   2 정직

05 1 [걷다 / 걸다]   2 [걷으니 / 걸으니]   3 [깨닫다 / 깨달다]   4 [깨닫아서 / 깨달아서]

1, 2 '걷다'는 '걷다 – 걸어서 – 걸으니'처럼 받침이 바뀐다.
3, 4 '깨닫다'는 '깨닫다 – 깨달아서 – 깨달으니'처럼 받침이 바뀐다.

06 ③ 우리 아버지께서는 요리를 할 때 되도록 조미료를 적게 쓰신다.

①, ②, ④, ⑤의 '–료'는 '요금'의 뜻을 더하는 말이고, ③ '조미료'의 '–료'는 '재료'의 뜻을 더하는 말이다.

07 ④ 이 글의 마지막 문장은 전체 내용과 관계없는 화룡점정이다.

④의 문장에는 '사족(뱀 蛇, 발 足)'을 쓰는 것이 어울린다. '사족'은 뱀을 다 그리고 나서 있지도 않은 발을 그려 넣는다는 뜻으로, 쓸데없는 짓을 해서 일을 망치는 경우를 이른다.

08 고대 이집트 에서 사용하기 시작한 분수

고대 이집트에서 분수를 사용하기 시작한 까닭과 사용한 예시를 설명하고 있다.

09 ① 물건을 똑같이 나누기 위해서

고대 이집트에서는 급료로 나온 빵을 노동자들에게 똑같이 나누어 주기 위해 분수를 사용했다.

10 단위분수

고대 이집트에서는 분자가 1인 단위분수만을 사용했다.

국어 문학

16 안네가 쓴 일기

본문 68-71쪽

01 1 은신 2 서술

02 개인

03 ① 급해

04 1 성 2 품

05 1 (좋을대로 | 좋을 대로) 2 (차례대로 | 차례 대로)
3 (예상했던대로 | 예상했던 대로) 4 (계획대로 | 계획 대로)

06 ④ 급할수록 돌아가랬다

"급할수록 돌아가랬다"라는 속담은 '급한 일일수록 서두르기보다는 여유를 가지고 차근차근 해 나가는 것이 더 낫다.'라는 뜻으로, 승혜의 말과 어울린다.
① 갈수록 더욱 어려운 형편이 되다.
② 가까이 있는 것을 오히려 잘 알기 어렵다.
③ 아무리 재미있는 일이라도 배가 불러야 흥이 난다.
⑤ 윗사람이 잘하면 아랫사람도 따라서 잘하게 된다.

07 ☑ 풍전등화(風前燈火)

환경 파괴와 오랜 가뭄으로 지구나 마을이 절박한 위기에 처한 상황에는 '풍전등화'가 어울린다. '풍전등화'는 바람 앞의 등불이라는 뜻으로, 사물이 매우 위태롭고 절박한 처지에 놓여 있음을 이른다.

08 안네가 일기 를 쓴 배경과 일기 에 담긴 내용

이 글은 네덜란드의 소녀인 안네가 일기를 쓴 배경과 안네가 일기에 담은 내용 등을 설명하고 있다.

09 ③ 전쟁이 일어나 유대인들이 독일의 나치를 피해 숨어 지냈다.

안네가 일기를 쓴 당시는 독일의 나치가 일으킨 제2차 세계 대전 중으로, 유대인들은 독일의 나치를 피해 은신하며 숨죽여 지냈다.

10 ⑤ 안네는 일기에 사춘기 소녀인 자신의 감정을 진솔하게 서술했다.

안네는 일기에 자신이 바라본 시대 상황과 사춘기 소녀의 감정 등을 진솔하게 서술했다.
①, ③ 안네의 일기는 전쟁이 끝난 후에 안네의 아버지에 의해 출판되었다.
② 안네는 친구에게 말하듯이 일기를 썼다.
④ 안네는 열세 살 생일 선물로 받은 일기장에 일기를 쓰기 시작했다.

사회 역사

17 초등학교는 언제 생겼을까

본문 72-75쪽

01 1 설립 2 잔재

02 ② 세웠다

03 1 ㉡ 2 ㉠

04 ② ✓ 정부는 새 법률을 이번 주에 공포하고, 다음 달부터 시행하기로 했다.

①의 '공포'는 두렵고 무섭다는 뜻이다.

05 1 널리 2 감쪽같이 3 게다가

'흔히'는 '일상적으로 자주', '아무리'는 '최대한 노력하여', '악착같이'는 '아주 끈질기고 사납게'라는 뜻이다.

06 1 먹어 버리다 2 쏟아 버리다 3 뽑아 버리다

07 ⑤ 지난날의 잘못을 고쳐 올바르고 착하게 바뀌다.

'개과천선(바꾸다 改, 잘못 過, 옮기다 遷, 착하다 善)'은 '지난날의 잘못이나 못된 마음을 고쳐 올바르고 착하게 바뀌다.'라는 뜻의 한자 성어로, 과거의 잘못을 뉘우치고 착한 사람이 된 경우를 가리키는 말이다.
① 우유부단(優柔不斷)
② 소탐대실(小貪大失)
③ 자포자기(自暴自棄)
④ 부화뇌동(附和雷同)

08 ' 초등학교 '라는 이름이 쓰이기까지의 과정

이 글은 '소학교'에서 '보통학교', '보통학교'에서 다시 '소학교', '소학교'에서 '국민학교', '국민학교'에서 '초등학교'로 이름이 바뀐 과정을 알려 주고 있다.

09 ⑤ '국민학교'라는 이름은 8·15 광복을 맞은 해에 '초등학교'로 바뀌었다.

8·15 광복 이후에 '국민학교'라는 이름을 바꾸어야 한다는 주장이 있었지만 받아들여지지 않았고, 1996년에 '초등학교'로 이름이 바뀌었다.

10 ① 일제의 잔재를 없애기 위해서

일제의 잔재를 청산하기 위해 1996년에 '국민학교'라는 이름을 '초등학교'로 바꾸었다.

과학 물질

18 금지 약물을 찾아라

본문 76-79쪽

01 1 (일부러 숨기다 | 검사하여 찾아내다) 2 (저절로 얻다 | 강제로 빼앗다)

02 협박

03 1 ㄴ 2 ㄱ

04 1 검진 2 검색

05 ⑤ 어떻게 하다 → 어떻하다

⑤ '어떻게(어떠하게) 하다'의 준말은 '어떡하다'이다.

06 ④ 벼룩의 간을 내먹는다

벼룩은 눈에 잘 안 보일 정도로 작은 곤충이다. 벼룩에게 간이 있다면 아주 작을 것이다. 그래서 어려운 처지에 있는 사람에게서 이익을 얻어 내는 경우에 "벼룩의 간을 내먹는다"라는 속담을 사용한다.
① 도망쳐 보아야 크게 벗어날 수 없다.
② 아주 작은 벼룩도 낯짝이 있듯이 사람에게는 체면이 있다.
③ 좁은 데에 많은 것이 득실득실 몰려 있다.
⑤ 벼룩과 파리가 가장 귀찮고 미운 존재이듯, 제 뜻에 맞지 않는 자는 무슨 짓을 하나 밉게만 보인다.

07 ③ 선생님이 안 계시자 반장은 마치 자기가 선생님인 양 호가호위했다.

③은 반장이 선생님의 권력이나 지위를 빌려 위세를 부리는 상황이므로 '호가호위'가 들어가기에 알맞다.
① 청출어람(靑出於藍): 제자나 후배가 스승이나 선배보다 낫다.
② 유비무환(有備無患): 미리 준비가 되어 있으면 걱정할 것이 없다.
④ 주경야독(晝耕夜讀): 어려운 여건 속에서도 꿋꿋이 공부하다.
⑤ 자신만만(自信滿滿): 매우 자신이 있다.

08 운동 경기에서 도핑 이 금지된 까닭과 약물 검출 방법

이 글에서는 운동 경기에서 선수들이 금지된 약물을 사용하는 것을 철저히 금지하는 까닭과 도핑 테스트에 대해 설명하고 있다.

09 ① 현재 올림픽에서는 도핑 테스트를 실시하지 않는다.

1960년 로마 올림픽에서 한 선수가 약물을 지나치게 먹어서 경기 도중 사망한 사건의 영향으로 1968년 그르노블 올림픽부터는 도핑 테스트를 정식으로 실시하고 있다.

10 ② ☑ 약물이 선수의 몸 상태를 나빠지게 해서 성적이 낮아지기 때문이다.

금지 약물로 선수의 몸 상태가 좋아져 높은 성적을 냈다면 그것은 정당한 성적이 될 수 없기 때문에 도핑을 금지하는 것이다.

수학 | 수

19 약수와 배수

본문 80-83쪽

01 특정

02 1 (있다 | 없다) 2 (적게 | 많게), (줄일 | 늘일)

03 ③ 수없는

04 1 최고 2 최신

05 1 (무수이 | 무수히) 2 (가까이 | 가까히)
3 (잔잔이 | 잔잔히) 4 (반듯이 | 반듯히)

06 ③ 입에 풀칠하다

'풀'은 쌀이나 밀가루로 만든 끈끈한 죽 같은 것으로, 옛날에 창호지를 붙이거나 옷을 빳빳하게 할 때 사용했다. '입에 풀칠하다'는 밥보다 영양도 없고 원래 먹는 것도 아닌 풀죽을 삼킨다는 말로, 굶지 않고 겨우 살아가는 일을 뜻한다.
① 다른 사람이나 물건에 대하여 거듭해서 말하다.
② 모두 한결같이 말하다.
④ 무엇이 먹고 싶어지다.
⑤ 몹시 흥분하여 떠들어대다.

07 ③ 태풍이 휩쓸고 간 과수원에는 강풍에 떨어진 사과가 부지기수였다.

태풍이 휩쓸고 가서 강풍에 떨어진 사과가 매우 많다는 것이므로 ③이 '부지기수'와 어울린다.
① 요지부동(搖之不動): 흔들어도 꼼짝하지 않다.
② 군계일학(群鷄一鶴): 많은 사람 가운데에서 뛰어난 인물
④ 일거양득(一擧兩得): 한 가지 일을 하여 두 가지 이익을 얻다.
⑤ 일촉즉발(一觸卽發): 한 번 건드리기만 해도 폭발할 것 같이 몹시 위급한 상태이다.

08 약수 와 배수의 뜻과 둘의 관계

어떤 수를 나누었을 때 나누어떨어지게 하는 수인 약수와, 어떤 수의 몇 배가 되는 수인 배수의 의미와 규칙, 둘의 관계에 대해 설명하고 있다.

09 ④ 어떤 수의 약수 중 가장 큰 수는 무엇인지 알 수 없다.

어떤 수의 약수 중에서 가장 작은 수는 항상 1이고, 가장 큰 수는 자기 자신이다.

10 5

곱셈식을 이용하여 약수와 배수 사이의 관계를 알 수 있다. 15는 3과 5를 곱한 배수이고, 반대로 3과 5는 15를 나누어떨어지게 하는 약수가 된다.

과학 기술

20 스스로 달리는 자동차

본문 84-87쪽

01 구축

02 1 인식 2 각광

03 1 ㉡ 2 ㉠

04 1 식별 2 상식

05 1 재우다 2 태우다 3 씌우다

06 ④ 눈길을 모으다

'각광 받다'는 '많은 사람들로부터 주목을 받다.'라는 뜻이고, '눈길을 모으다'는 '여러 사람의 시선을 집중시키다.'라는 뜻으로 서로 뜻이 비슷하다.
① 여러 번 보아서 익숙하다.
② 몹시 쏘아보거나 노려보다.
③ 믿음을 잃고 미움을 받게 되다.
⑤ 조금도 놀라지 않고 태연하다.

07 ⑤ 거북선을 준비한 이순신 장군의 선견지명 덕분에 왜군을 물리칠 수 있었다.

앞을 내다보고 거북선을 준비한 이순신 장군의 지혜 덕분에 왜군을 물리칠 수 있었다는 내용이 '선견지명'과 어울린다.
① 혼연일체(渾然一體): 생각, 행동, 의지 따위가 완전히 하나가 되다.
② 우왕좌왕(右往左往): 방향을 정하지 못하고 이리저리 왔다 갔다 하다.
③ 작심삼일(作心三日): 결심이 굳지 못하다.
④ 두문불출(杜門不出): 집에만 있고 밖에 나가지 않다.

08 자율 주행 의 뜻과 자율 주행 자동차의 장단점

이 글은 자율 주행의 뜻과 자율 주행에 필요한 기술이 무엇인지 설명하고, 자율 주행 자동차를 이용했을 때의 장단점을 설명하고 있다.

09 ② 현재 거의 모든 자동차가 자율 주행 자동차이다.

이 글의 마지막 부분에 자율 주행 자동차를 일상적으로 쓰기 위한 조건이 나와 있다. 이를 통해 현재 거의 모든 차가 자율 주행 자동차가 아님을 알 수 있다.

10 ⑤ 작동 시스템에 오류가 발생하면 큰 사고가 날 수 있다.

자율 주행 자동차에 결함이 생기거나 작동 시스템에 오류가 발생하면 곧바로 큰 사고로 이어질 수도 있기 때문에 자율 주행 자동차를 일상적으로 쓰기 위해서는 자율 주행 기술을 보완하고 더 발전시켜야 한다.

실력 확인 1회

본문 88-91쪽

1 고의

2 문양

3 공헌

4 ㉠

㉡은 '매정하다'의 뜻이다.

5 ㉠

㉡은 '인재'의 뜻이다.

6 ③ 남의 재물이나 권리, 자격 따위를 강제로 빼앗다.

①은 '단절', ②는 '서술', ④는 '점령', ⑤는 '바로잡다'의 뜻이다.

7 ② 축조: 목적한 곳이나 수준에 이르다.

②는 '도달'의 뜻이다. '축조'는 '쌓아서 만들다.'라는 뜻이다.

8 ⑤ 모색하다

'모색하다'는 '바람직한 방향이나 해결 방법을 깊고 넓게 생각하여 찾아보다.'라는 뜻이다.
① 자욱하다: 연기나 안개가 잔뜩 끼어 흐릿하다.
② 과장하다: 사실보다 지나치게 불려서 나타내다.
③ 분해하다: 여러 부분이 결합되어 이루어진 것을 그 낱낱으로 나누다.
④ 방관하다: 어떤 일에 직접 나서지 않고 옆에서 바라보기만 하다.

9 ③ 그 학자는 일식이 언제 일어날지 검출했다.

'검출'은 '성분이나 요소 따위를 검사하여 찾아내다.'라는 뜻으로 ③의 문장에 어울리지 않는다. ③에는 '미리 헤아려 짐작하다.'라는 뜻의 '예측'이 어울린다.

10 ☑ 설립했다.

'설립'은 '기관이나 단체 따위를 새로 만들어 세우다.'라는 뜻으로 학교를 세운다는 내용의 문장에서 사용하기에 알맞다.

11 ☑ 은신했다.

'은신'은 '몸을 숨기다.'라는 뜻으로 도둑이 경찰을 피해 지하실에 숨었다는 내용의 문장에서 사용하기에 알맞다.

12 ① 중점, 요점

'중점'은 '가장 중요하게 여겨야 할 점'이라는 뜻이고, '요점'은 '가장 중요하고 중심이 되는 사실이나 관점'이라는 뜻이므로 두 어휘의 뜻은 비슷하다. ②, ③, ④, ⑤는 뜻이 반대인 어휘끼리 짝 지은 것이다.

13 ③ 인용

'인용'은 '남의 말이나 글을 자신의 말이나 글 속에 끌어 쓰다.'라는 뜻이므로, '일을 해결할 방법이나 계획'이라는 뜻의 '방안'과 바꾸어 쓸 수 없다.

14 ④ 옳다, 그르다

'옳다'는 '일의 이치에 맞고 바르다.'라는 뜻이고, '그르다'는 '어떤 일이 이치에 맞지 아니한 면이 있다.'라는 뜻이므로 두 어휘의 뜻은 반대이다. ①, ②, ③, ⑤는 뜻이 비슷한 어휘끼리 짝 지은 것이다.

15 주력

'주력'은 '어떤 일에 모든 힘을 기울이다.'라는 뜻이다.

16 간편

'간편'은 '간단하고 편리하다.'라는 뜻이다.

17 반박

'반박'은 '남의 의견이나 주장에 반대하여 말하다.'라는 뜻이다.

18 ② 피땀을 흘리다

'피땀을 흘리다'는 '온갖 힘과 정성을 쏟아 노력하다.'라는 뜻이므로, 노력해서 어렵게 재산을 모은 상황을 표현하기에 알맞다.
① 안 좋은 감정이나 주관적인 선입관을 가진다.
③ 여러 사람의 시선을 집중시키다.
④ 못마땅하여 남의 말을 들은 체 만 체 말대꾸를 아니 하다.
⑤ 남의 말 가운데서 잘못 표현된 부분의 약점을 잡다.

19 ④ 자신에 대한 비판을 받아들이자.

20 ③ 간섭

간섭'은 '직접 관계가 없는 남의 일에 부당하게 참견함'이라는 뜻이다.

실력 확인 2회

본문 92-95쪽

1 ⑤ 지점: 남의 자격이나 권리, 자격 따위를 강제로 빼앗다.

⑤는 '박탈'의 뜻이다. '지점'은 '땅 위에 일정한 점'이라는 뜻이다.

2 ④ 월급이나 일급 등 일한 대가로 주거나 받는 돈

①은 '처벌', ②는 '과열', ③은 '출처', ⑤는 '영감'의 뜻이다.

3 보안

4 과도

5 파견

6 인용

7 ㉠

㉡은 '초조'의 뜻이다.

8 ㉠

㉡은 '중점'의 뜻이다.

9 ㉡

㉠은 '예측'의 뜻이다.

10 ④ 이 학교는 매년 우수한 잔재를 길러내는 곳입니다.

'잔재'는 '과거의 낡은 생각이나 태도, 생활하는 방식이 찌꺼기처럼 남아 있는 것'이라는 뜻으로 ④의 문장에 어울리지 않는다. ④에는 '사회적으로 크게 쓸모가 있는 훌륭한 사람'이라는 뜻의 '인재'가 어울린다.
① 구축하다: 어떤 일의 기초를 닦아 세우다.
② 방관하다: 어떤 일에 직접 나서지 않고 옆에서 바라보기만 하다.
③ 바로잡다: 그릇된 일을 바르게 만들거나 잘못된 것을 올바르게 고치다.
⑤ 선입견: 어떤 대상에 대하여 미리부터 가지고 있는 고정된 생각

11 ④ 존재하다

'존재하다'는 '현실에 실제로 있다.'라는 뜻이다.

12 부패

'부패'는 '물질이 썩어 악취가 나거나 못 쓰게 되다.'라는 뜻이다.

13 각광

'각광'은 '어떤 대상에 대한 많은 사람들의 관심이나 흥미'라는 뜻이다.

14 청산

'청산'은 '과거의 부정적인 부분을 깨끗이 씻어 버리다.'라는 뜻이다.

15 ② 많은

'무수하다'는 '헤아릴 수 없을 정도로 많다.'라는 뜻이다.

16 ⑤ 내몰았으나

'제지하다'는 '말려서 못 하게 하다.'라는 뜻이다. '내몰다'는 '일정한 지역 밖으로 몰아 쫓아내다.'라는 뜻이다.
① 말리다: 다른 사람이 하고자 하는 어떤 행동을 못하게 방해하다.
② 막다: 어떤 일이나 행동을 못 하게 하다.
③ 붙잡다: 떠나지 못하게 말리다.
④ 저지하다: 막아서 못 하게 하다.

17 ④ 특정, 불특정

'특정'은 '특별히 정해져 있다.'라는 뜻이고, '불특정'은 '특별히 정하지 아니함'이라는 뜻이므로 두 어휘는 뜻이 반대이다.

18 ② 간 떨어지다

'간 떨어지다'는 '순간적으로 몹시 놀라다.'라는 뜻이므로, 영화 속 무서운 장면을 보고 놀란 감정을 설명하기에 알맞다.
① 두드러지게 드러나다.
③ 마음이 차분해져 일할 마음이 생기다.
④ 몸을 움직일 수 없거나 활동할 수 없는 형편이 되다.
⑤ 어렵사리 겨우 살아가다.

19 ⑤ 학급 회의 시간마다 실행할 수 없는 계획만 말하는 '은호'

"고양이 목에 방울 달기"는 실행하기 어려운 것을 공연히 의논함을 이르는 속담이다.

20 ④ 권력

속담·한자 성어 깊이 알기

고양이 목에 방울 달기

본문 26쪽

쥐들은 고양이 목에 방울을 달면 그 소리를 듣고 미리 도망칠 수 있다고 생각했습니다. 그래서 누가 고양이 목에 방울을 달 것인가를 두고 여러 날 의논했습니다. 그러나 목숨을 잃을 수도 있는 위험한 일이라 결국 나설 쥐를 정하지 못했습니다. 이 속담은 이 이야기의 쥐들처럼 '실행하기 어려운 일을 헛되게 의논한다.'라는 뜻입니다.

예 대표로 선생님께 말씀드릴 사람이 없다면 고양이 목에 방울 달기이니 토의를 마치자.

미운 아이 떡 하나 더 준다

본문 46쪽

우리 주변에는 꼭 말썽을 피우고 친구들을 괴롭히는 친구가 있습니다. 이런 친구에게 좋지 않은 말을 하고 미워한다면 계속해서 다툼이 일어날 것입니다. '미운 사람일수록 잘 대해 주면서 나쁜 감정을 쌓지 않아야 한다.'라는 뜻을 가진 이 속담처럼 미운 친구에게 떡 하나 더 건네는 것은 어떨까요?

예 미운 아이 떡 하나 더 준다고 선생님은 맨날 말썽을 부리는 친구에게 오히려 따뜻한 말씀을 해 주신다.

입에 쓴 약이 병에는 좋다

본문 54쪽

아플 때 먹는 약은 써서 먹기 싫습니다. 하지만 약을 먹으면 병을 빠르게 낫게 할 수 있습니다. 이 속담은 '자기에 대한 충고나 비판이 당장은 듣기에 좋지 않아도 그것을 받아들이면 자기에게 도움이 된다.'라는 뜻입니다. 충고의 말이 듣기 싫더라도 도움이 되리라 생각하고 받아들이는 태도가 필요합니다.

예 언니의 충고가 듣기 싫었지만 언니의 말대로 했더니 좋은 결과가 나왔다. 역시 입에 쓴 약이 병에는 좋다.

쏟아진 물

본문 58쪽

중국의 강태공은 낚시를 좋아하여 매일 낚시하러 갔지만 집에는 늘 빈손으로 돌아왔습니다. 화가 난 강태공의 부인은 집을 나갔고, 이후 강태공은 왕의 눈에 들어 큰 벼슬을 받았습니다. 뒤늦게 강태공의 소식을 들은 부인은 강태공에게 찾아와 자신을 다시 받아 달라고 부탁했습니다. 그러자 강태공은 물을 바닥에 쏟은 뒤에 그 물을 다시 주워 담으면 부인을 다시 받아들이겠다고 했습니다. 이 속담은 쏟아진 물을 주워 담을 수 없듯이 '한번 저지른 일을 다시 고치거나 바로잡을 수 없다.'라는 뜻입니다.

예 동생이 그림을 망쳐 놨지만 용서해 줬어. 이미 쏟아진 물인 걸.

수어지교

본문 10쪽

물	수(水)
물고기	어(魚)
~의	지(之)
사귀다	교(交)

'물과 물고기의 사귐'이라는 뜻으로, 물고기가 물을 떠나서는 잠시도 살 수 없듯이 '서로 떨어질 수 없는 매우 친밀한 사이'를 이르는 말입니다. 중국 삼국 시대에 유비와 제갈량의 사이가 날이 갈수록 친해지는 것을 관우와 장비가 못마땅하게 여기자, 유비는 그들에게

"내가 제갈량 선생을 얻음은 마치 물고기가 물을 만남이나 마찬가지라네. 너무 불평하지 말게나."

하고 말한 데에서 유래되었습니다.

예 나와 동수는 어릴 때부터 친한 사이로 수어지교(水魚之交)와 같다.

오비이락

본문 18쪽

까마귀	오(烏)
날다	비(飛)
배	이(梨)
떨어지다	락(落)

옛날에 까마귀가 배나무에 앉아 있었는데, 까마귀가 날아가려는 순간 우연히 배가 떨어졌습니다. 그런데 배나무 밑에 있던 독사가 떨어지는 배에 머리를 맞아 죽을 지경에 이르렀습니다. 독사는 까마귀가 일부러 배를 떨어뜨린 줄 알고 죽을 때 까마귀에게 독을 내뿜었고, 결국 까마귀도 죽게 되었습니다. 이 이야기처럼 '오비이락'은 '아무 상관없는 일이 함께 생겨서 괜한 의심을 받는다.'라는 뜻입니다.

예 화단 근처에 있었다고 꽃을 땄다는 의심을 받다니 오비이락(烏飛梨落)이다.

개과천선

본문 74쪽

바꾸다	개(改)
잘못	과(過)
옮기다	천(遷)
착하다	선(善)

'개과천선'은 '지난날의 잘못이나 못된 마음을 고쳐 올바르고 착하게 바뀌다.'라는 뜻입니다. 중국 진나라의 주처는 어릴 때부터 사람들을 괴롭히고 온갖 나쁜 짓을 하여서 사람들이 싫어했습니다. 결국 주처는 마을을 떠나 10년간 공부를 하여 훌륭한 사람이 되었습니다. 이처럼 과거의 잘못을 뉘우치고 착한 사람이 된 경우를 가리키는 말입니다.

예 사고만 치고 다녔던 사람이 개과천선(改過遷善)하여 성실하게 살고 있다.

호가호위

본문 78쪽

여우	호(狐)
거짓	가(假)
호랑이	호(虎)
힘	위(威)

여우가 호랑이를 만나 죽을 위기에 처하자 여우는 자신이 하늘에서 정한 동물의 왕이라고 거짓말을 했습니다. 그러고 나서 호랑이를 데리고 동물들을 만나러 다니니, 여우를 보는 동물들마다 모두 도망갔습니다. 사실 동물들은 여우 뒤의 호랑이를 보고 도망간 것입니다. 이처럼 '호가호위'는 여우가 호랑이의 힘을 빌려 다른 동물을 위협하는 것처럼 '남의 권력이나 지위를 빌려 다른 사람에게 위세를 부리다.'라는 뜻입니다.

예 엄마가 안 계시자 형이 엄마인 양 호가호위(狐假虎威)했다.

memo